观雨亭

雨亭聆听／诗集

徐珺婷 著

人生如一叶，
须臾而生，须臾而落
或簇拥在枝头，迎风招展
或凋落在雨中，一舞蹁跹

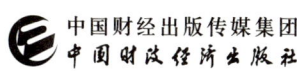

中国财经出版传媒集团
中国财政经济出版社

作者像

序一
做一枚垂直而落的雨滴

一

《观雨亭》是浙江诗人徐珺婷的一部新诗集。

徐珺婷是做财税专业工作的,发表并出版过专业著作,在领域内颇具影响力。我的诗友中也有些是做财务与税收工作的,作品有共性,譬如强调结构,虚化或变形生活细节等等。通览徐珺婷的这部诗集,与本业几乎没有什么关联性。作品的创作灵感大多源自诗人于各地讲学闲暇之余信手留下的诗思碎片。若按我的理解,或可名之为《地理》(美国桂冠诗人伊丽莎白·毕晓普的全部诗集名称其实都是《地理》)。然而顾名而思义,以"观雨亭"为名,应与诗人姓名有关,亦或寄寓某种更复杂的古典审美情趣。

诗集由六部分组成,分触、香、味、声、色、法六辑,稍有佛学常识的人立刻就会意识到,诗集是借佛家六尘之说,要以感受的尘埃化为诗篇。

这部诗集确实有佛家禅唱之音,更有江南琵琶滴落玉盘之脆响。譬如"闻香"一辑侧重写香味,不仅写五谷腾腾而上之热气,也包括供香礼佛,焚香诵经。中国禅宗常在微妙处以香喻法,以示对和敬清寂境界的追索。闻香的至境是合乎天道,香气聚散如人间有为法,而香息与自性与宇宙合一,则成就无为法。诗也如此。"闻香"一辑就是从物象至心相,试图重拟古典意境。

名为六尘,可这部集子又并非真的是以诗喻法,而是努力以尘埃之力去显现每粒尘埃的命运。在世俗伦理的功用标签外,标识自身的存在。

因这部诗集运笔的腕力较均衡,在这里,我只列举少部分诗作进行简要赏析,更多诗篇的闪光有待读者去凝视、去发现。

二

《触》一诗的结构灵动,如风过水面。"感形"在诗中被涟漪般具体化、境界化,化为笑声、江河湖海、阡陌街巷、风中的裙子、飘起的长发。其总体格调积极向上,带有阳光般的暖意和清澈,可以说是一首沐浴晨曦的诗作。虽有少许遮掩,如第二人称"你"在诗中的指向较模糊(恰是诗的趣味所在),但总体上没有人为设置阅读障碍,而使用类如欧洲电影用镜头说话的处理手法。

《乌鲁木齐民街徒步游》也是首色彩明丽的作品,诗人一路往西北行旅,西域风情有别于沿海,也正是强烈的地区反差唤起诗人新鲜的体验:"云朵是挂上去的/漂亮的伊斯兰城堡/是从童话世界里搬出来的"。接着,诗人连用两个"很轻""很旧",瞬间勾勒出弥散久远的边塞气息的民街面目。旧中寓新,每天升起的太阳是新的,民街上每天来往的面孔是新的,"黄墙明瓦拱门花窗""琉璃倒映出城市的脸",更重要的是,"阳光下行走的每个人笑容纯净"。我们从中读出温暖,读出诗人对纯净生活的向往与追求。

《白驹时光》写于内蒙古巴彦淖尔,那里天高云淡风清,时光如此之美,可惜又如此短暂,如白驹稍纵即逝。可当我们反观内心，往往会发现，天高云淡风清只是我之外的风景，最好的风景从来都是"一壶清茶，二三好友"，最真挚的情义其实才是绝美的风景画。因而，诗人说："最美的风景不止在窗外/还在窗内，在心里。"

物欲横流的世界，生活总是一地鸡毛。一眼望去，几乎都是擅长算计、计算而实则处于昏睡中的人群。《童心》呼唤天性的回归，呼唤精神的返乡。顺应内心，从无边噩梦中醒来，再度成为孩童，是这首诗构思的原点。这首诗旨在找寻丢失良久的简单、纯真，并将之视作迷茫人生的地图，是走入伊甸园必须携带的钥匙。一地鸡毛的生活，需要我们用童心去清扫捡拾，把它们变成一枚枚"欢快的毽子"。

《一叶与众叶》看似佛说莲花落，是"一花一世界，一叶一菩提"的老调重弹。然细辨之下，能见新意。诗人于立秋日，在金华适逢葡萄节，睹葡萄叶在秋风中"簇拥""招展""凋落""蹁跹"，想到人生苦短，如叶子须臾生落，一舞而终。这里，诗人没有后现代主义式的绝望哀吟，而是做了反转，不怨天尤人，有的是"海内存知己，天涯若比邻"的慰藉，立意自然就高远许多。人，虽然独自生灭，但"我们是同一棵树上的叶子/相聚分离，友谊常在"。

《放松心情》略显散文化，旨在阐明对人生得失起伏的理解。以诗说理不易把握,常失之中正。宋词做得最好,说理,是理在相中,或一而二二而一。诗,虽不必着相,但究竟还是不宜离相,以意化象来合道,或言之为以情动人、以细节说话。而用司空见惯的语言材质来建构丰富的内外世界,其实很不容易,需要我们在格物与结构上多做思考与尝试。

《分界洲岛》地理位置特殊,是岭南岭北的分野。岭北夜幕更为深沉,雨打芭蕉,声声窗外,此时可煮茶、听雨,活出古典的优雅。"蕉窗"一词有趣,应有李商隐《无题》中巴山夜雨的剪影,或明人史鉴同题五律的笔意,亦或两者的交叠。随后,场景切换,变为海鸥翔集,相伴山巅。这里逐有孤岛的形象浮现,就是现实与理想的分界洲岛,是内心与外物世界的共存之所。生活残酷的一面,被分界洲岛上的天籁覆盖弥合,这里,就是"阳光,沙滩,海浪,仙人掌",就是歌谣里外婆的澎湖湾。

文昌文南老街,建于20世纪20年代。在徐珺婷笔下,《文昌文南老街》美丽而落寞,是无意中遗落的20世纪南洋风情画,也很容易让人联想到加西亚·马尔克斯《百年孤独》中历久轮回的马贡多。诗人站在曾经辉煌的骑楼下,向上张望,依然能与"他"或"她"清澈的目光隔世相遇。骑楼,是近代的一种商住楼建筑典型,南方侨乡多见。这首诗构思很精巧,有现代小说的笔法韵味。在《不忘初心》一诗中，先用十一字加以浓缩概括五百多座相连的井冈山，接着由山山相连想到五十六个民族和十四亿中华儿女血脉相连，团结一心。这无疑是一曲响应新时代要求的主旋律咏叹调，应该说写得比较成功。如展开得再充分些就更好，勒紧细节的血管，让细节的力量来呈现大时代和心底的诗意涌动。

《香水湾》摹写琼山珠崖的风光，椰林与海浪，女郎们着华丽的黎锦，"衣裙上的金丝、银丝、云母/贝壳、珠串相互亲吻的声音"（黎锦源自中原锦帛，加海南物产如"吉贝"，独成一体，这对写作也应该有所启发）；"流落人间的月亮/是梦中那位女神打翻的香水瓶"，此句别致，是视闻通感的处理；"我们有足够的时间舞蹈/因为仙人井的泉水/从不枯竭"是余音袅袅的好句。

《文昌椰林》用拟人手法处理，效果比较好。椰树并肩站成一排或独木成林，守护海岸线，"它们爱惜自己长长的羽毛/喜欢迎风梳理/再用自由部落的方言/召唤碧海蓝天"。或许整体上也是象征，写人的坚守，这都留待读者细品。

三

诗集《观雨亭》语言和题材呈现风格化特征,我再简要做些例举。

取材灵动。《花开半夏》中"急坏了岸上骑白马的少年郎"似乎是以《牧野情歌》入诗,《守候与守护》也有影视和歌曲的影子,《古藏殊华》把宫崎骏动漫《千里千寻》和六世达喇仓央嘉措的诗集糅合在一起,千寻和仓央嘉措所有的共性,那就是找寻"琥珀川的河神",找寻失去的乐园。《夜游珠江》"在江边漫步的人,站在桥上看风景/看风景的人站在船上/看他们",显然是化用卞之琳的《断章》,把珠江夜景写得格外别致。

哲理句多。如《读书》,"入目皆阳光"。《与友》中,"朋友如茶,好朋友如好茶/甘而不涩,清香四溢/没有讨好的防腐剂";《独处好时光》中,"人只有在独处时/才能成为自己/才能安静地和自己对话""努力成为一个灵魂带有香气的女人/也让日子,自带香气";《荷叶连连》中"在乎根植于,年龄深处"……都能引发读者的沉思。

用喻典雅。《酒色如桃》中,"醒酒器挺起长长的美人颈/迷人的酒香如丝绸在空气中流淌",《莲语的呢喃》中,"音符如落花雨,听歌的人儿着一袭花香""金兽默无语/回眸,南山望";再如《老爸茶》里"光阴立刻慢下来/任由其爬满青苔与馨香",《妃子笑》以拟人手法写台州荔枝,处理得自然妥帖;《夜游海昌不夜城》中,"空气中立刻爆满了棉花糖一样/浪漫的气息""不夜城如油画上成熟的女子",都是形体曼妙的好句。

多怀古幽思。在嘉兴,诗人写下《坦然地对面而坐》,与徐志摩、王国维、丰子恺或那些不知名的消逝于岁潮的古人隔空对话,"不同的时空里/我们坦然对面而坐"。《木静茶香》里,那具黑檀茶几总是让人难忘。《越过情诗读诗》是诗人对纳兰性德的极致推崇,"三百年来,谁能放心/越过情诗,读诗"。纳兰性德也是我很欣赏的清代诗人,他以写情诗名动清代文坛,真性情似水如荷。徐珺婷大部分诗作里也写情,《许你花香》中"折世上最美的花/送给您",《桂花开了》"就像想起你,多想一会/都会流泪",这些诗作大可视为徐珺婷对纳兰性德在语言上的致敬。

古典情趣。从诗作观察,徐珺婷对传统文化颇有领悟,心有琴瑟鼓之、手谙茶道三味。譬如《春茶香》中"心如青翠萌动""人若茶,心似水",《识茶闻香》"并可在这安静之处/悄悄地建起一方堡垒/它简洁而自然"。若非深谙此道,很难写出这样的句子来。《金华小悟》更是将灵气聚于一联,"酒到酣时花满院，读来妙处雪一帘"，有唐人绝句的韵味。

好诗要用它自身节奏的颤动来说话，玛尼堆上的符文，经幡的拂动，纳木错"白云点点如心灵的星光"，冈仁波齐的云散日现，这些都是好诗诞生的契机。出于某种本能的喜爱，我很喜欢徐珺婷游历西藏期间的那些诗作。青藏高原是诞生英雄史诗《格萨尔王》的神秘领域，是古老的吟游诗人们的家园。那些吟游诗人大多家境贫寒、生活潦倒不堪，一生如高原云朵一般漂泊无依，只为传唱一部《格萨尔王》。

四

总体来看，徐珺婷的这部诗集带有浓厚的古典韵味，是唯美主义也是困境人生探索前路的一束亮光。

对美的追求从来都是人类共性之一，对美的界定却因时代、因人群而异。然则，如麝兰之味不拘囿于炉鼎，界限其实存在于我们内心，而不在别处。美丑的惯识思维也是容易蒙蔽双目的叶子，唯有反观破执，才是心灵释放的一抹鱼肚白。

这部诗集在现代性上稍显单薄，当然，多元时代，个体处境的千差万别和对现代诗的理解千头万绪，都是造成作品多样化的原因。这是诗歌解读的困境所在，也是诗歌解读的趣味所在。不过，总体来说，在一个风云激荡的时代，如能保持一颗心的宁静当然最好。虽然我们难免要直面生活的另一种真实——那些花朵在雨水中挣扎、陨落。

在亭中观雨，观雨者自然成为雨中亭子的一部分，这是写与读关系的妙檄，也是中国传统文化中观想、格物的方法论，是创作的重要介入法门。生命如雨季，那些雨点，看似简单，实则成因与表象无比繁密复杂。观雨，也是观雨中的万物，雨只是观察者悬置的情境一种。归根结底，我们立在这亭中，都是在反观自己的内心罢了。

写诗如做财税专业工作一样，需要虔诚以待，需写作者持正守一，忘却黑白，无限接近生活本相，如此才能无限逼近诗的本质。如果将这部诗集放置在纷繁多样的现代汉诗丛林中，确实算不得耀眼，但它以自己浅淡却洁净的光芒，标记自身存在，传递独一无二的生命体验，这无疑是这部诗集最大的价值。

诚愿漫天大雨中，诗人徐珺婷能成为一枚垂直而落的雨滴。

谨以此文共勉之。

西边

于2021年11月

序二
追逐心中的追逐

人人都渴望找到生活中的美好，然而究竟什么是生活，怎样从生活中感受美感和快乐，古往今来，多少人在探究、在思索、在追求、在感受、在迷茫、在彷徨。时代不同，社会分工不同，财富和社会地位不同，生活经历不同，感受生活的方式也随之不同，对生活的理解也会不同，从生活中获得的体验和美感也就不同。然而对生活中美的理解和获得方式，虽然有普遍性和社会性的一面，但说到底是决定于个人的价值观和生活观，充满着个性，就像世界上没有完全相同的树叶一样。古今中外，文学大师们以诗歌作为载体，抒情言志，润泽心灵，探求人生哲理和内涵，抒发从生活中感受的喜怒哀乐。优美的诗歌作品产生的艺术张力，给人深刻无穷的思想启示意义。

根据汉语字典的解释，诗的本义是把心中的思想表达出来的语言，后延伸至比喻美妙而富于生活情趣或能引发强烈感情的事物。《说文解字》认为诗是"心志"。人的厚度在于思想的富足，诗首先说明作者对生活有心、用心，其次表达着蕴含于作者心胸的志向和趣味。诗一般的生活或把生活过成诗，也并不是要求人人都是诗作家，但心有诗意的人，必然是美妙而富于生活情趣的。即使在最困难和最昏暗的时刻，热爱生活、心有向往的人，也会坚守那份信念和执着。

徐珺婷女士学的是财经专业，在商界打拼多年，从白手起家到现在不凡成就，令我们师门弟子感到欣慰、自豪和敬佩。因为她不是诗人，不是文学伊人，所以让我更感到肃然起敬的，也更一步懂她的，是在拜读她的诗集之后。目前，她已完成《雨亭听雨》《听雨亭》《观雨亭》三部诗集，加起来已达700首诗，其中本集《观雨亭》，时间跨越3年，200首诗。读她的诗，内容琳琅满目，色彩斑斓缤纷，情感细腻温柔，风格真实自然。如涓涓流水，流淌在生命岁月之河，在每一个山涧，每一岗沙丘，每一方绿滩，亲吻娇艳百态的繁花，厮磨奇异嶙峋的岩石，抚摸生机盎然的小草，沐浴沁人心脾的微风，闪烁散发香味的阳光。山、花、舍、土、漠、湖、海、江、原、桥，处处都是风土人情；夜、雨、灯、光、书、茶、音、友，时时都是人间烟火；听、读、聚、等、坐、悟、感，刻刻都是心灵感味。知道她是非常繁忙的，每次联系她时或在机场、或在车站、或在课堂……但她总是能在百忙之中，用温柔细腻的笔触，记下一个个场景、一幕幕瞬间，品味人间的烟火，体验生命的含义，追逐心中的追逐，踏寻梦中的远方，这种情怀、境界、态度，比起些许的财富，更足以绚烂她的人生。如前所述，在诗的品质方面，《观雨亭》里的诗，不是专业所做，格式、韵律、辞工、意境等方面，比不上大家，也拿不来大奖；在作者的知名度方面，与专注于诗歌创作的知名诗人还不能相提并论。但从诗是"心志"这一点出发，从对"诗和远方"的追求而言，这本《观雨亭》就是成功和令人敬佩的。很喜欢年轻时一起唱过的那首歌："我很丑，可是我很温柔，外表冷漠，内心狂热，那就是我；我很丑，可是我有音乐和啤酒，一点卑微，一点懦弱，可是从不退缩……"

谨此献给聪慧而美丽的徐珺婷师妹，并为序。

师兄：赤旭 博士

2021年11月26日

Contents

目录

辑一 闻香

- 003 - 香水湾
- 004 - 文昌椰林
- 005 - 老爸茶
- 006 - 妃子笑
- 007 - 古藏殊华
- 008 - 读书
- 009 - 夜游海昌不夜城
- 010 - 有种温柔
- 012 - 与友
- 013 - 独处好时光
- 014 - 邂逅幸福
- 015 - 闺蜜
- 016 - 酒色如桃

017 - 莲语的呢喃
018 - 花开半夏
020 - 坦然地对面而坐
022 - 与谁推杯
023 - 越过情诗读诗
024 - 春茶香
025 - 守候与守护
026 - 无时不在之境
027 - 静观
028 - 识茶闻香
030 - 千年
031 - 人归处
032 - 许你花香
033 - 在新江湖等你
034 - 桂花初恋
035 - 静待花开
036 - 金华小悟
037 - 荷叶连连

辑一 辨色

041 - 别墅有别

042 - 北疆净土

044 - 大漠之歌

045 - 三亚夕照

046 - 红石滩

047 - 做个温柔的人

048 - 孝感之秋

049 - 羊卓雍错

050 - 花仙子

051 - 鬼湖

052 - 布达拉宫

054 - 千岛湖

055 - 夜游珠江

056 - 雪中千岛湖

057 - 温柔一刻

058 - 海角天涯

059 - 东平湖

060 - 海螺沟

061 - 木格措

062 - 不愿辜负的美

063 - 生生世世

064 - 川西平原

065 - 情人桥

066 - 珠海之夜

067 - 人生如叶

068 - 接近绚烂

069 - 以清欢相许

070 - 送瘟神

071 - 雨中人

072 - 在南宁看夜色

073 - 自然建造

074 - 极致灰

076 - 有氧运动

077 - 华家池

辑三 听音

081 - 葵花广场

082 - 北京的秋天

083 - 听音湖

084 - 人间正好

085 - 听辩经

086 - 古格王国遗址

087 - 且听风吟

088 - 来日再聚

090 - 最美好的生活方式

091 - 楠书房

092 - 初读仓央嘉措

093 - 远方的包达

094 - 有人说

095 - 共鸣者

096 - 曲中人

097 - 抵达广州

098 - 现场感

099 - 桃色唤醒人

100 - 给自己的宣言

101 - 我的自白书

102 - 黄浦江边

103 - 一起运动吧

104 - 骑车人

106 - 去听场佛经

107 - 中秋偶感

108 - 抵达南邑

109 - 冬至

110	-	这个城市不冷
112	-	康定情歌
113	-	银川之夜

辑四 识味

117	-	因爱萌芽
118	-	打卡乌鲁木齐楼兰秘烤
119	-	提起一座城
120	-	葡萄熟了
121	-	夏天的烟火味
122	-	吃遍新疆
124	-	吃在银川
125	-	辣小馆
126	-	七宝老街
127	-	与自己重逢
128	-	贵州美食
129	-	老凯俚酸汤鱼
130	-	快乐人生
131	-	下一站宁波
132	-	宽窄巷子
133	-	美食爱情

- 134 - 老边饺子
- 136 - 马迭尔冰棍
- 137 - 塘栖枇杷
- 138 - 老家的除夕夜
- 139 - 从蛮夷走向繁荣
- 140 - 酸辣母校
- 141 - 食客千钧
- 142 - 心灵之旅
- 144 - 微笑
- 145 - 元宵节的选择
- 146 - 春风读诗
- 147 - 独处亦清欢

辑五 感形

- 151 - 乌鲁木齐民街徒步游
- 152 - 白驹时光
- 153 - 童心
- 154 - 一叶与众叶
- 155 - 放松心情
- 156 - 分界洲岛
- 157 - 文昌文南老街

158 - 不忘初心
159 - 天湖
160 - 西藏的天
161 - 扎什伦布寺
162 - 珠峰大本营
163 - 珠穆朗玛峰
164 - 珠峰朝圣
165 - 四月的春风
166 - 渔乐岛
167 - 邕江春夜
168 - 笑对人生
169 - 最好的朋友
170 - 三亚归来
171 - 抵达泰安
172 - 遇见路上所有的美好
173 - 最美是重阳
174 - 少年行
175 - 无常之美
176 - 动观
177 - 远离喧嚣
178 - 遇见嵩溪

179 - 写在新书出版时
180 - 笑过就是春天
181 - 写在归程
182 - 和自己在一起
183 - 囚禁回忆
184 - 完美无伤
185 - 错之鞋
186 - 人生如书
187 - 日子
188 - 瞬间开心
189 - 健康法则
190 - 爱情故事理发店
191 - 流汗的感觉

辑六 达意

196 - 做光阴安静的孩子
198 - 快意人生
199 - 开心二字
200 - 憩偶得
201 - 幸福就是
202 - 世上所有的病

203 - 岁月如霜

204 - 生命之花

205 - 岗仁波齐

206 - 玛旁雍错

207 - 下一站，拉萨

208 - 随缘行

209 - 慢慢走

210 - 禅的时光

211 - 欢喜心

212 - 国清寺

213 - 如此真好

214 - 微笑起来

215 - 余生不长

216 - 归途

217 - 稻城亚丁

218 - 生与死

219 - 思绪之舞

220 - 余生请用减法

221 - 相由心生

222 - 万物成莲

223 - 常言道

224 - 心路历程

225 - 转换

226 - 路过逗号

227 - 无题

228 - 指缝阳光

230 - 致学员们

232 - 童心未泯

233 - 人生是

234 - 玉皇山所思

235 - 作家、评论家评论

247 - 后 记

辑一 闻香

江心月明，石上泉清。

我们对美好事物理解的惯性，自觉与不自觉地，遵循了禁锢、自律和解放的路径，从局促紧张，提炼现实，把舒畅欢喜，揉合缅想。芙蓉半池，心绪一网。或许保持一份恰到好处的态度，才是最可取的，恰如心香一瓣，静水流深……

香水湾

过了椰树林,还没靠近海边
就听到深沉澎湃的海浪,歌唱的声音
就听到女郎们穿着华丽的黎锦
衣裙上的金丝、银丝、云母
贝壳、珠串相互亲吻的声音

银白色海滩上行走着
流落人间的月亮
是梦中那位女神打翻的香水瓶
是龙涎香,薰衣草香,略带腥气的海藻
是各种鲜活的水生植物的味道

我们有足够的时间舞蹈
因为仙人井的泉水
从不枯竭

陵水黎族自治县 | 香水湾天海

文昌椰林

无论肩并肩站成一排
还是独木成林
它们都是守护海岸线的天使

它们爱惜自己长长的羽毛
喜欢迎风梳理
再用自由部落的方言
召唤碧海蓝天

它们坦坦荡荡,顶天立地
它们又儿女情长,悱恻缠绵
它们是天使怀抱清芳的琼浆
每个品尝过的人
如是说

文昌市 | 东郊椰林风景名胜区

老爸茶

没有雕梁画栋的装饰
临街一间小铺面
放几排小桌，小凳

茶是再普通不过的
绿茶、红茶，红糖茶加点姜丝
再有掌柜自制的菊花茶
茉莉花茶

几碟的佐茶小食，酸酸甜甜
点一壶老爸茶，细啜一口
光阴立刻慢下来
任由其爬满青苔与馨香

文昌市 | 码头老爸茶店

妃子笑

一千多年前的风花雪月
无法成就一场白首不分离的圆满
却成就了一串串舌尖上的佳话

心怀叵测的诗人们
喜欢剥开香艳的红缯裙
褪下暧昧的紫绡衣
再展露它们吹弹得破的冰肌

人们喝酒,弹琴,写诗
尽兴时
选一处凝脂轻轻咬下去
甜香四溢处,留两排牙痕

有人开始笑起来
但他们,都不是妃子

台州

古藏殊华

落脚古藏殊华客栈
门面不起眼,走进却别有洞天
整体以古藏式风格打造
墙上全是手工绘画
庭院深深,雕栏玉砌,小园香径
仿佛隐身在千里千寻的异世界里
沉香氤氲

手捧仓央嘉措的诗集
或许可以在这里
一起找寻琥珀川的河神

拉萨 | 八廓街

读书

古人曰,读万卷书不如行万里路
我说,不读书,走万里也白搭

腹有诗书气自华
记住的,沉淀成知性
淡忘的,升华出优雅

读书,让旅途中的美好得以发现
生活中的美好得以生息繁衍

读书,入目皆阳光
书香宜人
俯仰皆诗意

吉安

夜游海邑不夜城

暮色四合,三亚之眼海上摩天轮的灯景
亮起的那一刹那
空气中立刻爆满了棉花糖一样
浪漫的气息

不夜城如油画上成熟的女子
周身散发出迷人的味道

来吧,和她一起走进
椰树林的迷宫
走进美食的温柔乡
不撑不归

三亚

有种温柔

微笑不语,红尘作伴
进,御春风十里
退,捧春茶一壶

闭门深山
轻嗅芬芳的茶香
聆听雅致的音乐
品读静美的诗句

用温柔之火,煮光阴之慢
身心俱安

杭州

辑一 闻香

与友

课后与友聚餐,相谈甚欢
最寻常的,是朋友
最难得的,也是朋友

好朋友,开得起玩笑
经得起折腾
不会因彼此忙碌,聚少离多而疏淡
不会因失意而自卑,或因得意而忘形

朋友如茶,好朋友如好茶
甘而不涩,清香四溢
没有讨好的防腐剂
温暖,舒适
愿友谊地久天长

南宁

独处好时光

泡杯茶,看看书
享受独处好时光
人只有在独处时
才能成为自己
才能安静地和自己对话

独处是一种魅力
世间大美,都是安静的
将语言变成随心所欲的精灵
穿行于字里行间

努力成为一个灵魂带有香气的女人
也让日子,自带香气

兰州

邂逅幸福

一早穿过美丽的钱塘江畔
六和塔边的月轮山峦
抵达浙大之江校区
学校入口,有棵大香樟树
香樟树叶让路过的风满携芬芳
沿台阶往上走,再穿过钟楼
有小花园,和绿荫掩映下的教室
阳光穿透树林,花叶婆娑

走着走着
走在寻常的时光里
忽然邂逅,这一份恬静的幸福
原来,就是如此简单

杭州

闺蜜

有这样一群美丽的姑娘
我与她们在一起
久处不厌,长谈不烦
不敷衍,不辜负
恍若遇见另一个自己

总有异口同声的惊喜
总有不谋而合的随意
无需揣摩猜测,没有心口距离
是疏影横斜的暗香
是云走绝流的诗句
是浑然天成的美丽
是生命中最微妙交集
是知己,是闺蜜

杭州

酒色如桃

三两好友小聚,必须有红酒
醒酒器挺起长长的美人颈
迷人的酒香如丝绸在空气中流淌
再用高脚杯盛出一盏,千年的琥珀光

品美酒,品人生,品尘世万千
酒色如桃,不觉微醺
看对面的人儿,脸庞比桃花更娇艳

慢饮细酌间
用一杯美酒,召唤春光无限

沈阳

莲语的呢喃

闲来听一曲
莲语的呢喃
荷风清雅,佛音空灵
心中的激荡,瞬间止水

享受这片刻美好
音符如落花雨,听歌的人儿
着一袭花香

旋律婉转,水沉氤氲
金兽默无语
回眸,南山望

哈尔滨 | 马迭尔

花开半夏

夏未央
又见满池风荷举
移步莲池,仿若瑶台仙境
亭亭玉立的荷花
像披上薄纱,刚出浴的少女
含笑伫立,欲语还休

露珠晶莹欲滴
清香袅袅盈袖
奈何美人隔斯水
急坏了岸上骑白马的少年郎

上海

辑一　闻香

坦然地对面而坐

选择
放弃

放弃
选择

离舍和聚合
烧掉记忆,让梦透明

你的昨天
无需指向我的明天

我的明天
也不必追寻你的昨天
不同的时空里
有时间,焚香抚琴煮酒
我们坦然
对面而坐

嘉兴

与谁推杯

落花,纷纷,迷乱双眸
唇齿间萦绕的
莫不是你我
畅游间隙,那一盅
微风般柔弱的
香甜、清涩

浅欢,淡交
不再是乍见的惊喜
而是久处不厌的舒心
是可以随时在,江南第一家
推杯举盏的
约定

金华

越过情诗读诗

写不尽纳兰情
书不完痴心梦

绝代芳华,再多的美赞
也不为过
生命传奇,再多的故事
也讲不明

唯有诗中情
一笔温柔了岁月
一笔惊艳了时光
三百年来,谁能放心
越过情诗,读诗

金华

春茶香

春来万物醒
心如青翠萌动
一人,一茶,一帘梦

人若茶,心似水
水让茶由苦变甜
茶让人由动转静
水不洗水妙及本心
茶不浑茶反观己身

春已来
我等得茶香

杭州

守候与守护

思念,难以抵御
不知归期之苦

常嗟叹
为何问寻十三载
待一不归人
为何守孤城八年
等一不归魂
又曾想,陈情十三年
候云梦双杰

常以为可以心若顽石
却终究柔情似肠
无羁旅,难抑思绪
荒城渡,陈情曲尽
到流水折弯
孤树叶儿落

杭州

无时不在之境

一茶
一书
一妙音

一时
一境
一心思

给自己
也给他人
在一月邂逅时
在二月踏青时
在所有时

杭州

静观

静
丰富的静
想象中最好的矛盾

悠悠然
掬骄阳藏袖,捧清风入怀
涂几行闲情素笺
信笔,碎语
任心情游走,让思绪飞扬
和心灵对话
与灵魂言和

离尘离世,时光无言
一切静默
闻无所闻

杭州

识茶闻香

烟花雨巷,歇息的时候
常把灵魂托付

喧嚣之下
时常寻找时光
和她划过的轨迹
那些散落的安静,吸引了伫足
并可在这安静之处
悄悄地建起一方堡垒
它简洁而自然

期望

下一次划过轨迹时

堡垒中的人们,或者只我一人

可以识茶

闻香

杭州

千年

黑檀并不黑,透过锃亮
看到千年浑厚

而今它独居茶室
年轮不再扩展
沉稳而凝重
孱弱与缱绻

本不应合拍,原始与野蛮里
黑檀可曾思考
千万年后
与茶香交融
与炉温依依

杭州

人归处

一壶茶
可听弦上音
一份心思
能装墨中彩

空山寂寂,琴声袅袅
以音寄心,乐于山空
入形画,品意诗
淡远、虚静
在桃源

上海

许你花香

时光流逝,岁月悠长
万千世界里
独独许你花香

需要微笑,需要淡然
不能少,感恩之心
如香篆之拓纹
如一捧清泉

折世上最美的花
送给你

杭州

在新江湖等你

新机场,是一处新江湖
风尘攘攘,衣袂飘飘
你来,我往

你行色匆匆的概不打扰
我识味闻香地自得其乐
你在大千世界里穿行
我在琳琅满目间信步
你不必关注我
我也无须为你点赞

某一天游玩累了
我会找一本最厚的书
就在新江湖里驻足
读书,等你

南宁

桂花初恋

每年十月,杭州桂花开了
金桂,银桂,丹桂,四季桂
整个城市都回到了
那年初恋的季节

在甜甜桂花香气中徜徉
多闻一口,都会醉
就像想起你,多想一会
都会流泪

人初静,夜温柔
风轻轻吹
雨轻轻下
聆听草叶间,落桂花

杭州

静待花开

岁月的脚步,悄无声息
来不及察觉
那位鲜衣怒马的少年,已出走半生

谁都不曾被时光忽略
但我们可以选择忽略时光
不再喜欢热闹的地方
将日子涂上莫兰迪色

我需要一杯暖茶,不浓不淡
一本闲书,不长不短
再放任余生款款,不急不缓
守一方心静,静待花开

深圳 | 深圳湾口岸

金华小悟

人总在不断拥有,再失去
不断相逢,再别离
所有遇见,皆有因果
月圆复月缺,人来又人往

酒到酣时花满院
读来妙处雪一帘

流年如斯,逝水如斯
感恩,生命中经过的每一场片段
和遇到的每一个人

金华

荷叶连连

喜欢,荷叶连连
更喜欢,荷苞点点
夏至半场

不在乎含笑伫立
不在乎娇羞欲语
在乎根植于,年华深处
"接天莲叶无穷碧"
"映日荷花别样红"
希望她们如约
在每年此时

轻纱
摇曳

上海

辑二 辨色

春色盎然时,你说过要把自己装扮得五彩斑斓。

现在,四季悄然而过,在我眼里,你依旧是那个吵着要吃冰糖葫芦的花袄小妮。

乃至,许多年来,我在眼花缭乱、琳琅满目的人间穿行,蓦然回眸,仍最喜欢当年五彩斑斓,却是原色的你。

高饱和度,高明度的你。

纯净、鲜艳,不带有一丁点儿瑕疵的你。

别墅有别

无论西式的热情奔放
抑或中式的含蓄内敛
每一个别墅
都有一张个性张扬的脸

院子们对号入座
秋风带来胭脂为它们点染了腮红
阳光再为它们
细细刷上金色的睫毛膏

坐在窗前的人
看着看着，就醉了
时光从画中踱出
又慢慢踱回到画中去

乌鲁木齐

北疆·净土

它在离上帝心脏部位最近的地方
它能感知上帝的心跳
是上帝湛蓝的瞳孔
是去往天堂必经的方向

我试图慢慢走近
近一点,再近一点
走近星辰与大海
走近温暖与爱恋

曙红，绛紫，朱砂
花青，和藤黄
天空与湖水相拥，人们身披彩虹
变回童话世界里那只无忧无虑
头上开满樱桃花的麋鹿

乌鲁木齐

大漠之歌

这是一个寂寥的所在
流荡的生灵将自己羽化
人们极力寻找远古遗留下的
行走的孤烟

沙柳孤独成画
金色的弧线如后羿拉起的弯弓
四海八荒涌来涛声
淹没蝼蚁之舞

天很蓝
它和从秋天赶来的游人一样
一无所有

鄂尔多斯 | 库布齐沙漠

三亚夕照

太阳东升西落
人间纷繁,一场场涅槃
火与光的奇幻之合中
修道之人在此飞升

海与天的边缘
悬挂起一只大红灯笼
谁家的新娘
缓缓走进,大海深处的琉璃洞房

我拿起相机,迎着海风奔跑
石头上的青苔
收下我五体投地的膜拜
害羞的新娘,垂下美丽的头颅
无论如何
都不愿掀起她的红盖头

红石滩

海滩如果有了情绪
全然不顾世俗的眼光
石头们不再本分
它们换了装扮，要做妖娆的红衣女郎

天晴时，女郎们春心荡漾
纱裙绚烂，俘获四季的过客
下雨时，情绪低落的女郎
不再遮掩，遍地流血的伤口

几千年，几百年都不曾愈合
那是因为梦中人，他
一直没有出现

琼海 | 红石滩

做个温柔的人

我发誓,从今天起
在这个温柔的世界
做个温柔的人
温柔说话,温柔写诗,温柔活着

深圳湾,海风在耳边温柔呢喃
海浪在脚下温柔嬉戏
潮起潮落,擦去光阴温柔的足迹
卷走海藻般莫名的烦忧

再借我一双慧眼
让我发现更多
面朝大海
万物皆可爱,皆温柔

深圳 | 深圳湾口岸

孝感之秋

孝感的秋天,人是暖色调的
风也是暖色调的,摇晃着树叶
筛落无数细碎的小脚印

花开是诗,叶落也是诗
如风起从容
如云去自在

或因前世每一个深情回眸
变成今生每一次欢喜重逢
缘起缘灭,珍惜感恩
来日,天涯西与东

孝感

羊卓雍错

西藏是个神秘的地方
有灿烂阳光
洁白云朵,纯净天空
置身连绵的山川,安静的湖泊
更适合心灵对话
每个人都在进藏的道路上
与另一个自我重逢

生死皆是修行
人们在日托寺的百年孤独里
将灵魂洗涤成雪山白

山南 | 羊卓雍错

花仙子

每次来到广州
最先注意到的是木棉
然后黄花风铃木,红花羊蹄甲
宫粉紫荆,凤凰木和五颜六色的三角梅

高架,路边,处处可见
花开时节
广州变成花精灵的王国

我在花王国的土地上行走
夜幕降临,我终于获得老国王的准许
也变成一个花仙子

广州

鬼湖

再寻常不过的一面深蓝色的湖水
和一弯金色的沙滩
但它有一个振聋发聩的名字
鬼湖

拉昂错藏语意为"有毒的黑湖"
与玛旁雍错"圣湖"
天使与魔鬼,一路之隔
总有人轻易被
虚张声势的恐吓迷惑

好奇的我,来到这里
只看到一面平静的湖水
一弯美丽的沙滩

阿拉地区 | 拉昂错

布达拉宫

不到西藏
不知道什么叫蓝天白云
什么叫高原红，什么叫虔诚
什么叫心中的圣地

布达拉宫是一位红袍高僧
独坐于世界之巅
古老而神秘

追随仓央嘉措的神迹
做诗与爱的信徒
如虔诚的朝圣者走向
圣山、圣湖、圣殿
见天地，见自己

拉萨 | 布达拉宫

辑二 辨色

千岛湖

潇潇烟雨江南
需要着一袭绯霞色的旗袍
再撑一把油纸伞
在烟与云,湖与岛之间
诗意行走

草色朦胧,春色正好

雨落,丝丝入心
花谢芳不败,心静人自在
淡茶一盏,清音一曲
相看两不厌

淳安 | 千岛湖

夜游珠江

船在江山行
十里花街,十里灯
滨江大道和沿江大道,与珠江相拥而行
被江面折射的灯光
如彩虹氤氲

清风飒飒,夜色静谧
在江边漫步的人,站在桥上看风景
看风景的人站在船上
看他们

广州

雪中千岛湖

站在阳台上,放眼望去
碧水清澈见底,群山连绵不断
水环山拥,是最有诗意的画卷
令人深深陶醉其中

远方云雾缭绕
雪白头的岛屿略带沧桑
比平时更有一种不能言说的美

蓝天,白雪,仁山,智水
安安静静,喧喧嚷嚷
都是风景

淳安 | 千岛湖

温柔一刻

时间不经意悄然流逝,已近傍晚
静静地走在海边
戏水,海水舔湿了裙角

夕阳西下,落日的余晖照映在水面上
恋爱中的晚霞红着脸
亲吻大海英俊的面庞
直至它也红了脸

海鸥低翔,海面上波光粼粼
落日、沙滩、海浪和闺蜜
一起组成温柔一刻

三亚 | 椰梦长廊

海角天涯

天涯石、海角石、日月石
与南天一柱,紧闭双唇
上古时代的精灵
变成一座座沉默的雕塑

风刀浪斧相逼
它们始终面无惧色
是得到了什么,不再拥有表情
还是放弃了什么
换来与世无争的安心

知足如磐石
看处处芳草,赏四时落花
潮来潮往,浪淘沙

三亚 | 天涯海角

东平湖

蒹葭苍苍,思绪成诗
飞雪为东平湖换上一身
恬静淡雅的素衣
白茫茫的水面上
落了一层白茫茫的鸟儿

西风吹起涟漪
是五言,是七律
是唐诗宋词读起的灵动

岸边的游人也想赋诗一首
张口欲言,却迷失在推敲之中

泰安 | 东平湖风景区

海螺沟

蓝天下
为雪白头的群山怀抱着
四季如春的海螺沟
唐诗在这里被凝固
三千尺冰瀑
与光阴一起永恒

每翻过一座山,越过一条河
心中的感触与震撼
便增加一份

阳光温暖,水波温柔
万分感恩
活在这美丽的人世间

甘孜藏族自治州

木格措

远处连绵的贡嘎雪山
在蓝天、白云和湖面的映衬下
格外圣洁
站在海滨沙滩上眺望
远方雾霭茫茫
仿佛身处天尽头

余晖染红了水与天
群山寂寂，碧海沉沉
它们都屏住呼吸
看沙滩闪现的光芒
慢慢给海镶上一道金边

甘孜藏族自治州 | 木格措

不愿辜负的美

稻城应该是上帝最宠爱的孩子
每一个见过它的人
都会在瞬间爱上它
天使的脸庞

当你与它晶莹的眼眸对视
就走入一场深秋的童话
碧水的颜色比蓝天深一点
白雪的颜色比落叶浅一点

我张开双臂,与金色的山峰相拥
与明媚的阳光相拥
与所见的一切美好相拥
稻城,我宁愿错过全世界
也不愿辜负你的美

甘孜藏族自治州｜亚丁易站

生生世世

满坑满谷,连绵蔓延的红
在阳光下闪烁
如遍野盛放曼陀罗之花
以排山倒海的气势
在众人的眼底注入佛光

摄人心魄的场景
会重复出现在人们的脑海中
并终其一生
那满山僧舍人,只为一刻初心
修持无悔
生生世世

甘孜藏族自治州

川西平原

沿着川藏公路前行
一条浅溪与公路相依相偎
静静流淌
如相依相伴如影随形的浅浅时光

远处的山脊舒缓
在天幕上划出一道道优美的弧线
猎影追风,千里迢递
一川风雨一川晴
处处流光,处处飞虹

日落金山,川西平原正在徐徐打开
光与影的三维画卷

甘孜藏族自治州

情人桥

钱塘江边上,九溪里之江校区
老香樟簇拥着红砖校舍
像一位百岁老者
还在不离不弃
继续呵护着它的初恋情人

拱形门廊,雕花玉柱
青石板铺就的小路
藏灵蕴秀
留下多少学长的青苹果梦

校舍的尽头
一汪碧水之上静卧着一座小桥
我记得它的名字,情人桥

杭州

珠海之夜

珠海是座浪漫之城
阔别十年,故地重游
风景依旧美不胜收
看风景的人儿两鬓已霜

珠海之夜,仿佛花下美人春睡醒
华灯次第亮起,娇媚夺目
欣赏夜景的同时,还可品尝美食、购物
人们在她的怀里尽情放纵
释放白天生活给予的压力,并沉醉其中
我也从她身边经过
心底升起阳光,春暖花开

珠海

人生如叶

人生如叶,一落一生
那些在成长的过程中
曾经偷过的懒
变成追梦人前进路上的坑
半生忙忙碌碌,跌打滚爬
就像枝头的一片树叶
在风中晃晃悠悠

一晃韶华逝,再晃鬓如霜
三晃沧海易桑田
我们在一起
就这般慢慢晃着、晃着
从夏花绚烂直到如秋叶静美

天津 | 南开大学

接近绚烂

退票,重新购票
改签

我们自由选择列车

车水马龙中,我们选择生活
选择朋友,选择心情
可以吗

简淡,通幽
修篱,种菊
平淡的心,解构周遭
是为了
接近绚烂

上海 | 虹桥国际机场

以清欢相许

烟雨蒙蒙,斜阳楼台
矛盾的场景
以凡尘为道场
以世俗作菩提

云水禅心,物静茶香
总有一抹美好
可以守候

心有爱,魂有情
心魂之花
轻轻浅浅,简简单单
若把诗意守候
便有清欢相许

金华

送瘟神

瘟疫
起于寒,弱于温
终于燥热

窗外
云白,日丽,微风柔和
鸟欢,花香,小径妖娆

粉装藏不住时,新韵绝尘而来
还有什么瘟神
不可送的

杭州

雨中人

飘雨的时候
我在东山这头,看江河云下折向
迷蒙之间,想象
"山川异域
风月同天"

此时的你,是否雨下和衣
是否犹豫
止雨,观颜
有泪珠
与水滴相异

杭州

在南宁看夜色

韵律，跟随广场舞
解散

阑珊，配合霓虹灯
结集
二十四小时书店
让南宁的夜
还在夜

烟花，如你在此时绽放
必将我的影子拉长，白天的热情
不考虑在此地冷却
夜刚一开始，我要出去
收取一些
宁静

南宁｜三街两巷文化艺术中心

自然建造

山、湖、寺
森林、草场、花谷

顾问企业
斥资百亿打造生态园
植被覆盖率超百分之九十

困顿者,向往自然的天堂
缔造者
把天堂建成自然

来吧,画韵意妙
他们在婺园
等你

金华 | 越龙山国际旅游度假区

极致灰

邻家女的形象保持多年
偶尔换换风格,给舒缓的旋律加入
一些跳跃的音符

极致灰短毛衣下
搭配锈褐色伞裙,裙长不超过风衣
再穿上灰白色长靴

极致灰,不是白也不是黑
游离在边缘地带
如恰到好处的平和
如秋叶安睡在土地上,温暖,深沉
如全身心去拥抱自然
收获一袭
风清月白的回归

杭州

辑二　辨色

有氧运动

无需满脸汗水
在崇尚有氧运动的今天
轻柔而曼妙的举手投足
更有利于多余脂肪的消耗

试一试普拉提
既融入了西方人的刚
又融入了东方人的柔
身心统一,呼吸协调
对腹肌、髋肌群、肩、背
来一场脱胎换骨的重组

直至
健身房的落地玻璃
列出一队形态婀娜的白天鹅

杭州

华家池

到浙大华家池上课
来得早些,校园转转

华家池的美是宁静的
如一位大隐于闹市里的隐者
没有太多喧哗,浮躁
纤尘不染

湖边垂柳依依
花团锦族,绿树成荫
小孤山、小三潭印月、小平湖秋月、小苏堤
这个下午,我曾经过这里
一个小女子的小西湖

杭州|浙江大学(华家池校区)

辑三　听音

谁在教诲，谆谆昭昭。谁在倾诉，殷殷切切。大智之声，止于稀声。大爱之声，源自无声。我欲归于田间地头，听禾闻苗。我欲栖息风间云上，听雁闻莺。我欲遁入山海，再一次昂首，致敬蓝天。再一次匍匐，轻吻大地。再次聆听，你听不见的它们的声音。

葵花广场

阳光张开温暖的手臂
轻轻将眼前的花田拥抱
葵花纷纷褪下苍白和羞涩
接收无私的馈赠
任由金子的颜色涂满面庞

它们都是太阳的孩子
簇拥在一起,自带光芒
它们暗暗的香气也清澈见底
没有阴霾,烦忧皆散尽

广大的风吹过
这里只有葵花广场哗啦啦地高声歌唱
和我欢喜的沉默

巴彦淖尔 | 葵花广场

北京的秋天

晨光初露,北京的秋天在一场宿醉中尚未醒来
它酡红的脸庞,又染上了一缕清霜

采一束明月光,用寂寥酿酒
在古人的诗句里,它沉醉了几千年
现在,就让第一片落叶来点醒
那比春光更绚烂的容颜

无论在什么地方,秋天总是好的
我倚在窗前,有些怀旧,又有点期许
一场淅淅沥沥的秋雨
让北京,变成了北平

北京

听音湖

时光无言,岁月无声
不知不觉间,已过不惑之年
不再年轻
却依然奔波在路上

纷繁芜杂的生活中
好心态无疑是一剂良药
是世间上最好的养生

无论前半生如何,请过好后半生
只愿临别回首
可以唇角飞扬
轻诉一声,岁月与我
两无悔

佛山 | 听音湖

人间正好

天已暖,草木葱茏
山色空蒙,人间正好

一条小路穿山腰而过
站在石子路上
俯仰皆是美景

缓慢的时光,最温柔
山上不喧,不嚣,不争,不吵

平静的心,一切安然
听花开花落,听潮来潮往
听夏天的脚步
声声入耳

金华

听辩经

西藏最大寺庙——哲蚌寺
庙里有很多虔诚诵经的朝圣者
充满神秘色彩的梵文
是通往西天极乐净土的宝藏地图

小乘度己,大乘度人
参惮求顿悟
辩经证菩提
一统三生

远离喧嚣,神奇如禅意
越了解越迷人
辩经虽是藏语
听不懂,也喜欢

拉萨 | 哲蚌寺

古格王国遗址

藏西秘境,世人皆知阿里
却鲜有人知古格王朝
抚摸着古格王朝残垣断壁
无法想象
雄踞后藏七百年的古格王朝
消失一夜之间

古老的城堡
渐渐沉没
古老的记忆
与遮天蔽日的西风一起
在游人耳边呼啸着
我们听不懂的方言

阿里地区丨古格王国遗址

且听风吟

春天,若不急着赶路
就把心,和自己都交付给远方
停停,静静,听听风
听听雨,听听内心的声音

长长的路,缓缓地走
让心境
明如水,淡如茶,静如禅

生活要学会减法
越简单越快乐
假装自己就是风景里
一棵开花的树,待落红飞过秋千
且听风吟

吉安

来日再聚

同学一别数十载,今日聚会分外亲
相聚短暂却愉快
互道珍重又要各奔东西

之后又将是长长的别离
再短暂的相逢,再长长的别离

人生不过是
在落英缤纷的光阴里
演绎一场场聚散的戏

世间所有的相遇,都是久别重逢
假若分别,请轻轻互道一声
来日再聚

上海

最美好的生活方式

最美好的生活方式不是
躺在床上睡到自然醒
也不是,闲坐无所事事
而是行走在奔赴理想的路上

做自己喜欢做的事,累并快乐着
试着用左手握住右手
给自己最简单的温暖

偶尔慢下来,静下来
听听落雪的声音
告诉自己,一切都好!

乌鲁木齐

楠书房

这是一个修身养性的好去处
金丝楠木做成的精致书案
那些华美的古老纹路
假如你贴上去用心听
仿佛还可以听到旧式私塾
咿咿呀呀的读书声

那时的家具，都是工艺品
老木匠带着小木匠埋头干活
木锤，刨刀，墨斗，一丁一卯
没有机床，没有砂轮，没有刺耳的切割声
叮叮咚咚，噼噼啪啪
千百年传统和传承，总是蕴含无尽魅力

多年以后的下午，我在这里
闻香、品茗、写诗、抚琴，与时空对话
悠然见南山

上海

初读仓央嘉措

初读仓央嘉措的诗歌
有春风乍见的羞怯
有两情相悦的欢欣
有失之交臂的惋惜
有山盟海誓的坚贞

仓央嘉措就是传说中
佛脚下的那朵纤尘不染的蓝莲花
跌宕多舛的一生
变成滋养诗歌最好的土壤

在他的文字里,我读出了
千亩的玫瑰花田,和万年的高原风霜
它们都走进了我心里
走进不朽的时光

甘孜藏族自治州

远方的色达

漫步于藏传佛寺中
静听梵音绕梁,不绝于耳
在藏族子民虔诚的祈祷中
在步步叩首的转山中
久居繁华都市的人们
被信仰涤荡

世界再庞大,内心再强大
来到色达面前,都变成蝼蚁
天地苍茫,这一刻忽然明白
原来传说中的远方是色达
色达,即是远方

甘孜藏族自治州 | 色达

有人说

有人说
没有去过稻城亚丁
就不知道天堂的位置
有人说
没有去过色达
就不知道,灵魂可以永生

这是一个没有尘世喧嚣的世界
永不消失的净土
也是今生至少要去一次的地方
披上僧袍,走进经堂
贫富与身份都无关紧要
不求今生,只修来世

甘孜藏族自治州 | 亚丁驿站

共鸣者

人类是一种奇怪的生物
听一首歌,选择单曲播放
会莫名伤感,会流泪

明明什么都不曾发生
也没有经历过类似的心境
却被瞬间击中
悸动,哀伤

时空的间隙,一定是被音乐填充
每一首歌里都生长灵魂
每一个灵魂都饱含不同的情感
它们在光阴长廊里肆意穿越
俘获共鸣者

杭州

曲中人

生活不易,冷暖自知
累了,就停下脚步听听歌
听旋律,听歌词,听故事
也听自己

每首歌都有故事
每个人都是故事里的人
用心唱,用心听,用心流泪

杭州

抵达广州

一夜尘梦初醒
晨雾渐渐散去
透过机舱玻璃窗
读一缕阳光旖旎

食在广州,玩在广州
四季如春的花城
只想独坐一隅
写一首好诗,品一杯好茶
享受片刻慢下来的时光

于岁月一隅,深情地道一声
广州,我来了
我也会轻轻地走了

广州

现场感

读美文,品香茗
自得欢喜
淡素笺,浓墨韵
拾得芳华

舒缓中调试心情
柔和中放松自己

飘渺,空灵,迷蒙
遐想,幻化出现实
现实丰满遐想

杭州

桃色唤醒人

桃色嫣然时,唤醒的人
最有情

寻春拾步,邀几点桃红
在将放未放处
整理出诗韵

若有春意入怀
若有情绪入心
不负美颜,不负丰姿

相信春
相信桃色
唤醒人

杭州

给自己的宣言

鸟累,树懂
云累,天懂
人累,谁知晓

有人懂,何其幸福
把温情的语言
组成植入骨髓的默契
把理解的眼神
织成抚慰心灵的坦然

你若不愿懂
我自懂
让面前的碗懂得吃饭
让背后的床懂得睡觉
未来,你懂与不懂
我都知晓

长春

我的自白书

不要告诉我,你不冷
小树把最后的叶子
轻轻盖向大地上

老街收起它黝黑石板铺上厚厚的盐
我捂脸缩脖躬身
躲进车里
风没有给我机会摇上车窗
雪也没有给我机会数出棱角

你说好傻,为什么要置身户外
我说不出话只能苦笑
南方的天空无云时给我暗示
过去的坎坷悄然跑到北方避难
而我,需要它的经验来支撑观点
也许我需要冷
冷到,让坎坷无迹可寻

长春

黄浦江边

浪漫的人会说,秋天不是秋天
它是夏天努力地
想要停下来的,那段时光

所求者,得于喜及
求而不得者,无异于忧
让秋天当是秋天
让夏天当是夏天
它们各有所得
它们各有缘起

我想做个理性的人
秋高气爽我高歌
夏日炎炎我含冰
心里想的,和身之动的
我不作浪漫说

上海 | 黄浦江

一起运动吧

每个人
都是一个独立的世界
喧闹，抑或孤独
且用运动做钥匙，转换心情
用运动做良药，治愈情绪

喜欢挥汗如雨
喜欢肆意而急促的呼吸声
享受筋骨与韧带的拉伸
带来的痛并快乐
享受被滚滚而落的汗水
舔舐的感觉

一起运动吧
一起将肥厚与油腻
改写成闪电与清风

杭州

骑车人

开车太快,徒步太慢
只有骑单车才不会错过
美丽的风景

换个出行方式
就是换一种心情
骑车人不在乎目的地

喜欢在路上骑行的感觉
自由,未知,放飞
一转身,光阴就在身后
变成了故事

千帆过尽,大浪淘金
骑车人要将最美的风景
纳入眼中
留在生命里

杭州

去听场佛经

小寺看大寺,大寺看哲蚌
一钵即生涯,随缘度岁华

一切随缘,也许这就是我喜欢去寺庙原因
只有在这里才能把所有烦恼化成菩提
听听佛经,静化心灵

天地如镜,照我空
一花一草一世界
皆为菩萨

拉萨 | 哲蚌寺

中秋偶感

异乡之月分外明
天地拉起一堵硕大的背景墙
有风柔,有雨润
有客居异乡的人儿,倍思亲

是谁在轻声吟唱
秋风清,秋月明
天上人间,共此良辰

圆是天上月,缘是地上人,愿是心中念
唯愿天下无别离
喜相逢,乐相聚

武汉

抵达南昌

一花一世界,一季一风景
于无声处,聆听尘世梵音

我们在这里目送五月
再与六月深情相拥
一路心怀阳光,微笑前行

拥抱眼前的苟且和诗意的远方
满怀希望的生活
彼此亲切,相看不厌
一半烟火,一半清欢

南昌

冬至

今天冬至,又称小年
与夏至相对,冬至阳生春又来
过了冬至,新年就在眼前
下个循环的开始
冬至来了
意味着一年又要结束

一朝一夕一场梦
一夏一冬一人生

冬至的乌鲁木齐,再冷
仍有暖阳照耀天地
光芒万丈

乌鲁木齐

这个城市不冷

抵达黄山,看着窗外四散飘落的雨水
空气中弥漫着一股清新的气息
一夜之间,这个城市就冷了

不,这个城市不冷
正被一些细碎的温柔填满

我在努力工作,并生活
目之所及,皆是所爱
心之所向,皆是美好

黄山

康定情歌

康定不仅是情歌故乡
更是大自然的艺术殿堂
漫步在跑马溜溜的山上
一张情网
轻轻将哪位姑娘的芳心捕获

我喜欢清新温暖的文学
喜欢优美哀婉的音乐
喜欢不辜负之情,喜欢不玷污的爱
今夜,我要和他们一起吟唱
月亮,弯啊,弯啊

甘孜藏族自治州丨康定情歌广场

银川之夜

夜幕降临,华灯初上时
银川就摇身一变
变成一个顾盼生姿的美人

中阿之轴,闪动着明眸
览山剧场
举手投足满是异域风情

只需听贺兰山上长风呼啸
便可以忽略脚下的悠悠江河

繁星高远
沉醉的游人举起夜光杯
与夜和解

银川 | 中阿之轴小微公园

辑四 识味

辛,酸,甘,苦,咸。

五香、鱼香、葱香、蒜香、奶香、麻香、酱香、糟香……

尝遍不可尝,忍遍不可忍,受遍不可受。万物体会,万事意会。或许薄凉的人世间,唯有美食慰藉,取暖。

花样美食,别忘了还有原味。

百味人生,莫失了你的初心。

因爱萌芽

率真的钱塘君
有水的润泽,亦有火的烈性
他更是长不大的顽童

周记、邹记、方林富炒货
光芒干粟,和南宋胡记糕点
统统别让他看见

否则他定要想方设法上岸
模仿当年法海藏起许仙,让西湖声色泛滥
那吹不散的、浇不灭的、忘不掉的

唤醒味蕾,因爱萌芽

杭州

打卡乌鲁木齐楼兰秘烤

羊排、羊腰、羊蝎子
在这里进行一场涅槃
食客是抱薪者
吃与被吃都是虔诚的

清洗,腌制,穿签,上架
洒上孜然,和辣椒面
酸奶粽子、楼兰紫葡萄、特色面旗子汤饭
每一桌仪式齐整

再进行最后一次膜拜
抚摸、欣赏、咀嚼、回味
然后在彼此感恩中
彼此成全

乌鲁木齐 | 楼兰秘烤

提起一座城

如果一定要说魂牵梦萦
一定要说柔肠百转
一定要说云彩波光两难弃
只需提起一座城

只需提起这座城的美食
提起永不落幕的经典,烤羊肉串
当然还有它的莫逆之交
杂粮粥和烤馕

摆在铁架上滋滋作响的
是一排排用红柳枝穿好的药,吃货之药
就算是毒药,穿肠之后
先解这世间万苦

昌吉回族自治州 | 大美新疆

葡萄熟了

夏去秋来,葡萄熟了
累累的果实
像深海里的黑珍珠,几万里
也遮挡不住
它散发出的诱人光泽

赏心悦目之余,垂涎欲滴
稍稍擦拭,就迫不及待吃起来

清风徐徐摇动
几片碎碎的阳光
偶尔从叶缝间掉落下来
宛如梦的碎片,稍纵即逝

阳光真好,都是晴天

金华

夏天的烟火味

生在苏州,住在杭州
唯有食在广州令人振奋
在夏天,开启一场美食之旅

吃,需要遇见对味
可以有格高意远的情怀
也可以是与众不同的灵魂
须在掌心虔诚捧起
每一口都来自心的历练

红尘滚滚三千尺
拿得起,却放不下的
唯有筷子

广州

吃遍新疆

有一颗吃遍全世界的心
所以,先吃遍新疆

新疆美食,首推羊肉
羊肉或烤、或串、或炖
总之都美味

还有阿克苏苹果辣子鸡
沙葱炒鹅蛋,奇台小黄面
香辣的鸡汤与面条相互浸润

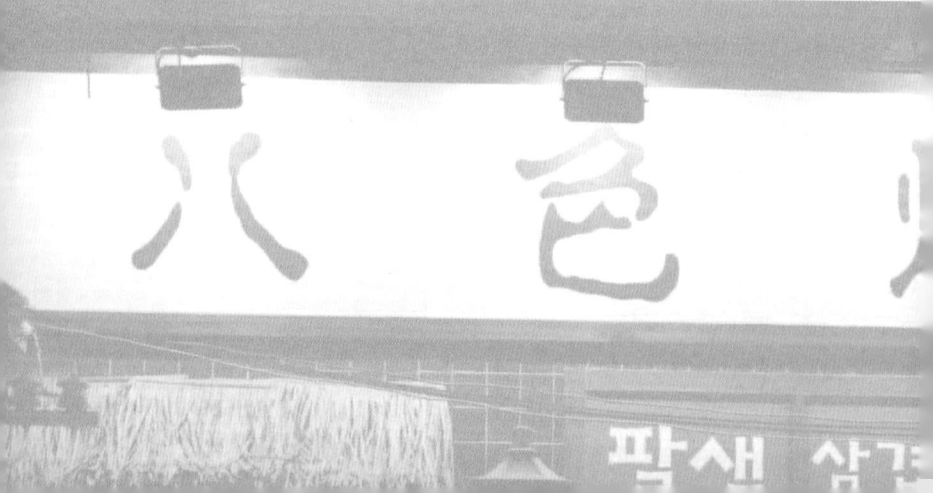

酣畅淋漓
无花果酱酸奶棕子
酸甜爽口,吃一口
唇齿留香

当我,吃遍新疆
已然忘记全世界

乌鲁木齐|欢乐纳瓦

吃在银川

很多人不知道,银川其实是一个
隐藏在人间的美食天堂

这里有银川汤羊肉
色白肉嫩,味香不腻

这里有滩羊红柳烤肉
这里有绿洲羊肉串
这里有大漠烤翅,酸辣拌汤,小龙虾

当然这里还有你
都是我吃不够的味道

银川 | 建发大阅城

辣小馆

刘关张在桃园按着酒坛子,义结金兰
我们在辣小馆
就着鲜椰汁,吃钵钵鸡
这是关于友谊的异曲同工
只是隔了两千年

糖冰粉,三鲜冰粉
滋味烤鱼片,油炸小酥肉

如果当年也有麻辣爽口的冷锅串串
他们是否会重新考虑一下
比如放弃江山

三亚 | 辣小馆

七宝老街

这个地方是糖醋味儿的
风拂岸柳,还有淡淡的脂粉味儿
但我喜欢这种软糯的香气
从每块古老的青石砖里荡漾出来

游人如织,在蒲汇塘桥分道扬镳
寻宝、寻味两不误

老街汤圆,七宝羊肉,海棠方糕
还有上海小馄饨
开水中捞一捞就上碗
吃饱不想家

上海 | 七宝老街

与自己重逢

我一直在寻找
另一个自己
时而熟悉,时而陌生的自己
若即若离的自己

她日夜与书香为伴
与美食相依
把日子过得风生水起,活色生香

时光不忍伤害她
烦恼也远离她

今天在机场候机
品尝青柠酸菜鲈鱼,百香火龙果
当我为美食,轻轻一低头
忽与自己重逢

深圳 | 深圳宝安国际机场

贵州美食

贵州除了凉爽的天气
还有美食
步行去二七路小吃街
各种小吃,琳琅满目
各类吃货,熙熙攘攘

牵肠挂肚的香味,万水千山的排队
每个摊位前挤满了
垂涎欲滴的舌头

终于排到我啦
那个谁,老板
肠旺面,豆腐圆子,青岩猪脚,丝娃娃
各来一份

贵阳｜二七路小吃街

老凯俚酸汤鱼

每个城市都有不同的街景
这只是它们的皮囊
对于吃货来说
美食才是城市的灵魂
不同的美食,便是不同的灵魂
品尝美食
是另一种灵魂交流方式

老凯俚酸汤鱼,酸,辣,鲜
吃罢齿颊留香
青岩卤猪脚,入口糯软绵润
家常折耳根,豆腐圆子外酥里嫩

这的确是一群有趣的灵魂
我需要与它们保持联系
多多交流

快乐人生

面朝大海的城市
除了春暖花开,还有美食
欣赏美景是种情趣
品尝美食,则是种幸福

去吃三亚最地道小吃
海鲜的味美和椰汁的清甜
面对美食,就像面对生活
当你以最自然的姿态和意愿去接纳
内心深处的快乐
不可一世地蓬勃生长

无论何时何地,快乐人生必须
美食与美景
两不负

三亚 | 第一海鲜市场

下一站宁波

旅行完美的意义
须把不开心的事丢在路上
情绪低落就去享受美食
一口一口吃掉忧愁
再大的烦恼也不值一提

没有烟火气
人生也会黯然失色
离开税校
美食下一站,宁波

湖州

宽窄巷子

闲走在宽窄巷子中
忆起一首小诗
特别符合此时心境
"你站在桥上看风景
看风景的人站在桥上看你"

我在看小巷里迷人的风景
巷子中的人也在看着我
巷子里美食散发出阵阵香味
装饰了我的胃
我也装饰了
充满人间烟火味的巷子

成都 | 宽窄巷子

美食爱情

深秋,阳光还是温暖的模样
偶尔几片叶子谢幕
斑驳了谁家一地的惆怅

日子重复着,反复吟唱的曲调
升华,美食就像爱情
可以全心全意投入
亦可弃之如敝屣

流年不可追
唯爱情与美食不可辜负
爱情不可求,美食或可遇
现在,就出发

杭州

老边饺子

在沈阳的网红中街打卡
想要领略传统的味道
就来老边饺子店

一百年历史的老店
屋顶镶嵌着无数金色的小灯
让食客一走进去,便落入星辰大海
红色的桌椅平添喜庆
个大皮薄馅多的手工饺子
像一群昂首挺胸的白鹅整齐排列在案头
煮、蒸、煎、焗,无论何种烹饪方法
咬一口

我仿佛又回到三十年前
用袖头擦去鼻涕
捧起姥姥盛起的
热气腾腾一碗

沈阳 | 中街

马迭尔冰棍

擦肩而过的,皆为过客
念念不忘的,都是故事

在哈尔滨,中央大街的马迭尔冰棍
是一个需要品尝后才能体会的传奇
吃着冰棍,漫步街头
连扑面而来的西风都变得香甜
夏天的味道,在唇齿间满溢

最美的风景在当下
放下行囊,来一支马迭尔冰棍
这里即是故乡

哈尔滨 | 马迭尔

塘栖枇杷

我爱上塘栖
爱上莫家桥
是因为枇杷又丰满了

她们鹅黄的肌肤,粉嫩而调皮
你不忍心揭开的
汁液携带青春的香

她们白净的果肉
柔软而娇羞
你不忍心张口试探的
如初吻的甜

你心生怜悯,想象抚摸婴儿般
躺在新竹编制的篮里
那感觉,把赞许的文字
遗忘在满盈微笑的脸上

杭州

老家的除夕夜

世间爱,爱于团聚
过年了,慈母身边
我们和我们的孩子,都是孩子
芋头酸辣饺子,还是儿时味道

嬉戏与打闹
隐匿了一轮又一轮的
三百六十五天
妈妈的皱纹
刻录着我们的顽劣
除夕焰火的光圈
把它们又一次投影到
爬了青苔的
灰瓦白墙

上饶

从蛮夷走向繁荣

三坊七巷
千年光影重重
我独看见

鱼丸、肉燕
百饼园

福州 | 三坊七巷景区

酸辣母校

母校,仍是故乡
拥抱天涯海角归来的孩子
从财院到财大,最难抵御
"炒粉"的酸辣

一次又一次
一遍又一遍
回放青春

我们再尝一口
继续酸辣,继续生长

南昌丨江西财经大学

食客千钧

老巷宽街
别
推介给我

烤鱼、撸串、蒸鲜
竹虫、蜈蚣、蚂蚱

南国美食街
我做不到
把眼睛留给
风光

南国美食街
我只好把
体重留给
美食

南宁 | 中山路美食街

心灵之旅

西藏的天空很空
紫外线肆无忌惮
但我必须要去八廓街
找寻可以与心灵对话的地方

街的建筑大多是白色
只有街东南角
一栋涂满黄色颜料两层小楼
曾是六世活佛仓央嘉措的密宫

一场古老且凄美的梦，三百年未曾醒来
我叹息一声
转身走进玛吉阿米美食店
用美食召唤回迷失的
尚未走远的人们

拉萨 | 八廓街

微笑

内心真正富有的人
面庞总会带着微笑
当那一抹绽放于眉梢唇角的笑意
浅浅荡漾开来
便如故乡棠梨初飘雪
便是深闺淡酒始觉甜

学会用微笑来面对一切
面对欢喜,面对伤痛
面对相聚,也面对别离

做一个微笑的天使
收获全世界的爱

珠海

元宵节的选择

饺子与汤圆
你选择谁

你选择了
你就错了

它们选择了你
不是你选择了它们

多少年愁中愁
乡愁不可变

元宵节又到了
他乡的你,想起饺子,还是汤圆

杭州

春风读诗

素衣,闲坐
春风越过攀满常春藤的窗棂
钻进来,翻阅案头的诗书

我凑上前,记下它看过的诗句
灶前笑问粥可温
丰年留客足鸡豚
浅瓯吹雪试新茶
煮酒初尝带腊香

哦
原来春风也爱这
滚滚红尘中的人间烟火

兰州

独处亦清欢

结束课程,品尝完徽菜
准点上高铁,有惊无险

一个美好的人,一定都是爱自己的
无论何时何地
不忘留一点时间给自己
学会寻找和安享
见缝插针的快乐时光

一个人,也可以去老街逛逛
给自己买点小零食,小东西
好好宠爱一下自己
独处,亦清欢

黄山

辑五 感形

脚踏实地，沐浴阳光。

因感觉而得到的境与界，唤醒认知到的事与物。

让风舞动我的花布裙子，拂乱我的及腰长发。

再让风带走我的笑声，传递给山、河、湖、海，传递给阡、陌、街、巷。

你的温暖，终将温暖我。你的清澈，终将清澈我。

乌鲁木齐民街徒步游

一路往西,向北
让光与风重启
齐力打开一个异世界

云朵是挂上去的
漂亮的伊斯兰城堡
是从童话世界里搬出来的

空气很轻很轻,时光很旧很旧
黄墙明瓦,拱门花窗,琉璃倒映出城市的脸
并不沧桑

而阳光下行走的每个人
笑容纯净

乌鲁木齐 | 新疆民街民俗博物馆

白驹时光

天高,云淡,风清
闲适的时光总有迷人之处
需二三好友
或一壶好茶

有工作可聊
有"三胖蛋"的瓜子可嗑
唇齿间萦绕憨实的香气
言谈中洋溢真挚的诚意

最美的风景不止在窗外
还在窗内,在心里

山的另一边
有什么过隙,转瞬即逝

巴彦淖尔

童心

一颗简单、纯真的童心
是通往快乐之源的地图
是打开天堂之门的钥匙

那就不妨回归孩童的视界
吃想吃的,做想做的
爱想爱的
直至完成一场苏醒的过程

且用童心,整理满地鸡毛
做成一枚欢快的毽子
来吧,一起游戏吧

金华

一叶与众叶

人生如一叶
须臾而生,须臾而落
或簇拥在枝头,迎风招展
或凋落在雨中,一舞蹁跹

岁月悠悠,今又立秋
一年一度葡萄节,相聚"张宅"
我们是同一棵树上的叶子
相聚分离,友谊常在

偶尔一条微信,一个电话,
彼此温暖,相赠芬芳
一叶与众叶,有你们不孤单

金华

放松心情

看看沿途风景,俯仰天地之间
才能感受到山水的气度
心情有多美,生活就有多好

放松心情,就是放下压力
心情不好时可以偶尔看会肥皂剧
偶尔宣泄下,享受那种畅快感

看淡得失,才能从绝望的深谷里
邂逅最美的风景
你要明了,有起有伏是人生
有得有失是生活

广州

分界洲岛

这里是心灵的分界岛
是坠落红尘的天堂
是放空发呆的好地方

你可以这样
有一种诗意,叫作
你流连岭南夜色,赏花赏月
而我独坐岭北的蕉窗前
煮茶,听雨

还可以这样
阳光、沙滩、海浪、仙人掌
还有一位老船长
站在山顶眺望,海鸥相伴
而我就是那座快乐的孤岛

陵水黎族自治县 | 香水湾天海

文昌文南老街

一百年前
这里的公子小姐们也喜欢
痴痴地坐在骑楼的彩色琉璃窗前
看风景,看对面琳琅满目的商铺

看南洋风味的车水马龙
看摩肩擦踵里是否有自己的意中人
往往后来都是失望的
但并不影响他们美丽而又落寞的
继续看下去

一百年后,老街风光不再
但我站在曾经辉煌的骑楼下
向上张望
依然能与他们骄傲的目光
相遇

文昌 | 东郊椰林风景名胜区

不忘初心

井冈山,五百多座山峦连绵千里
雄、奇、险、峻、幽,
山套山,景叠景

中国,五十六个民族高起红旗
十四亿人民团结在一起
手牵手,心连心

今天我们在这里
学史增信,砥砺前行
今天我们在这里
听党话,跟党走

南昌

天湖

沿途风景很美,一路随处可见羊群
翻过海拔5411的米雪格拉山
纳木错安静地
躺在上帝的臂弯熟睡

高大巍峨的雪山护卫
将倒影交给蔚蓝
白云点点如心灵之星光

玛尼堆描写救赎的轨迹
风秘而不宣,摇曳五彩经幡
没有人说话
我也不例外

拉萨 | 纳木错景区游客集散中心

西藏的天

西藏的天,总是蓝的
就如阳光
哪怕在夜晚,一想起总是很热烈

比如信仰的力量
超越泛于建筑表面的华丽辞藻

僧人和藏民信徒
从几百年的老屋中走出
从几千年的经书中走出
又匆匆走了回去

日喀则市 | 扎什伦布寺

扎什伦布寺

蓝天下的寺院
院墙献上一条洁白的哈达
高山巍巍,庙宇庄严
诵经声耳边回旋

走进任意一条石板路
或许便是光阴的通道

尘嚣渐远
禅意渐近

日喀则市 | 扎什伦布寺

珠峰大本营

绕过珠峰108弯到乌拉山口
再经过世界海拔最高的寺庙——绒步沟寺
这里有珠峰大本营,是我可以靠近
我的偶像珠穆朗玛峰最近的地方

山岭朦胧一片,珠峰在云间时隐时现
当我拿出手机自拍,身后
喜欢抢镜的珠峰
慌忙摘下,层层云朵的面纱

日喀则市 | 珠穆朗玛峰公园纪念碑

珠穆朗玛峰

这里是神的领土
宙斯留下了一双绿靴子
震慑每一个想越雷池而上的生灵

这里就是天堂
皑皑白雪、飘飘旗云
是前仆后继的登山者
手捧生命去献祭,去亲近的地方

站在加吾拉出口的观景台
看天连云,云连山
我从来没有如此接近阳光

它和马卡鲁峰、洛子峰、卓奥友峰、希夏帮峰
五峰傲立天地,逼迫人们不得不放下骄傲
开始正视自己
懦弱渺小的灵魂

日喀则市 | 珠穆朗玛峰观景平台

珠峰朝圣

提起珠穆朗玛峰的第一反应
是叹为观止的美
不论是皑皑白雪下的伟岸身姿
还是泛着微蓝的山脊线

不知点燃了多少人
迈向远方的梦想,这也包括了我
既使这辈子无法在最近的距离触摸天堂
也要不远万里,让五体投地

当你面对珠穆朗玛峰的那一刻
就像迷路的孩子找到了家
看阳光与山风徐徐打开天堂的帷幕
请收下这颗漂泊的游子心

日喀则市 | 珠穆朗玛峰国家公园

四月的春风

漫步在旅途中的我
是随风舞动一片叶子
在四月的春风里
才可享受漂泊的浪漫

时光是一面平静的湖水
波澜不惊
四月的春风经过,微微漾起涟漪

传说中采菊东篱下的逍遥
和坐看云起时的从容
都在四月的春风里,刚刚开始

新余

渔乐岛

晨曦,梦醒
窗外细雨婆娑
千岛湖仿佛过了一遍
水墨的滤镜

无须看繁花,不用闻柳莺
众岛屿如青螺,如黛珠
散落碧水之间
人在其间行走,刹那入画

正是烟雨江南最美时
与亲朋好友行走在春天里
畅想诗与远方
共享美好时光

杭州

邕江春夜

时光辗转,日子在轮回中偷换
寒冬已尽
又见春风绿江南

夜游邕江
沿街的红灯笼
挂上了岁月的眼角眉梢

唐朝的诗人,和宋代的词人
在江波中对酒当歌,彻夜不休
我也醉了
忘了背下几首千古绝句

南宁

笑对人生

有一种距离叫遥远
有一种情分叫随缘
有一种愁绪叫相思
有一种关心叫无言

好友远在天边，却能每天问候
是知心语，是真友谊
是最温暖

笑对人生
有你，有我

深圳

最好的朋友

最好的朋友是
在没有对方,各自成长的日子里
也不会忘记彼此

再见时,一句好久不见
还有一句十分想念

最好的朋友
是栖于两个身体中的同一灵魂
是左右手

它经历得起平淡流年
最好的朋友
了解你比你自己还多点

昆明

三亚归来

一段旅途结束,整理好行囊
准备开始下一段远行
回味路过景点的美好
再期待下一个目的地的风景

人如果执迷于过往的风景
就会错失道路前方更美的惊艳
夜归途中,感受微风拂面的惬意
让我们一起憧憬远方
甚至脚下这段长长的路
也不再是黑暗

三亚 | 三亚凤凰国际机场

抵达泰安

北方天气,比南方冷了许多
衣服添添减减,突然发现
这些年自己不是在出差
就是在出差的路上

深一脚,浅一脚
游一处美景,寻几段故事,品四方美食
欢喜在路上
悲伤也在路上

用脚丈量世界,用心丈量人生
道路远阔,心路无极

泰安

遇见路上所有的美好

余秋雨曾说
在这喧嚣的凡尘
我们都需要有合适自己的地方
来安放灵魂

课后在老外滩行走
移一小步，换四面景
阳光穿透琉璃花窗
折射到斑驳的青砖上
浮光潋滟
仿佛穿百年宁波时空隧道

带着阳光，微笑，好心情
去遇见路上所有的美好

宁波｜宁波老外滩

最美是重阳

重阳一直是诗人的节日
他们将每一份思念
寄放在云水间,并赋予迢递

之江校区重温大学生活
登高临远,遥望苍茫
携满目秋色,千万风光

蒹葭深处,钱塘江水静静流淌
校园空灵、纯净、温婉、宁静
想起岁月,想起人生
想起我们都不曾认真地年轻过
那就不妨一起认真地老去吧

杭州

少年行

站在秋与夏的分路口
看一片落叶如何提亮了秋色
看一朵落花如何惊艳了流年

不知不觉已是处暑
送儿去校军训
离别前拥抱一个
母子连心
虽渐行渐远,但心从未远离

愿吾儿此去前程似锦
岁月峥嵘
归来时仍是少年

杭州

无常之美

光阴流逝,有一种无常之美
春花、秋月、夏日、冬雪
哪一件不是水中镜前终虚幻

正如人生
总有遗憾弥补不了
总有意外躲避不开

你需要做的是
打开心窗,让阳光照进来
别介意有阴影
有阴影的地方才有光明

天津

动观

与轻舟，共飞驰
与灯海车流
并驾齐驱

引擎骚动，而我血液翻腾
不息地呻吟
是流畅的轮廓
留给透明星夜
的妩媚
是迷人的曲线
勾勒不尽剪影
的妖娆

杭州

远离喧嚣

最美
莫过云水禅心
任沧海桑田
我自心如止水
心无杂念,风又能奈何

岁月,自我流香
快乐
自然生根发芽如花
尘世纷繁扰攘,忘却便能
追逐出心底的宁静安详
离喧嚣远了
离自我就近了

杭州

遇见嵩溪

白墙,灰瓦
红灯笼
木桥,藤蔓
木雕窗

遇见嵩溪
蓦然回首
也是灯火阑珊处
好在岁月镌刻出宁静
那些斑驳的痕迹
隐约在鹅卵石上
油光的表面,映照我
初见的兴奋
和细见的悠然

金华 | 朋溪人家

写在新书出版时

风和煦,云吉祥
艳阳天,波缈柳依
春正好

新书
《企业所得税汇算清缴操作实务》
沐春风,看流年
苦涩的专业,亦诗,亦画
送给你

把寻常,徜徉成浪漫
把术业
委婉出婉约

杭州

笑过就是春天

岁月不停息
不经意才是永恒

熟悉的人,熟悉的场景
和熟悉的味道
交织起来的,曾经
过去

等待一场雨,淋过半生的努力
湿过,走过
等待一片晴空,点亮历练的困难
得过,笑过
等待华丽
转身,又是春天

衢州

写在归程

返航
返航
精彩不是结果
而是坚持

苦了,剥一粒糖
累了,沏一壶茶
倦了,倚一会墙

阳光灿烂,迤逦中
便得花香
便得放飞

杭州

和自己在一起

抵达酒店
简单的晚餐后
闭目
收敛情绪
此刻,我和自己在一起

我还和行云在一起
与流水在一起
我静观四季在此刻更迭
看风霜在梢头安然无恙
听行歌如板

福州

囚禁回忆

记忆
不经意间弥散
海天
浪漫中缱绻

想要椰风
他们送来交响曲
想要沉醉
他们送来球幕电影

想用文字描抹心情
碧海蓝天腾空了笔划

当电影节,遇上椰风海韵
囚禁了我回忆

三亚｜椰梦长廊

完美无伤

缘份来时,一缕芳华
情感起伏,几度风霜

时光它无语
岁月却有声
兜兜,转转
匆匆,又漫长

矛盾中有突变
相伴的火花一瞬间
短暂中藏着美好
欢娱的理想
明天复明天

而拥有的惟有今天
今天通往明天的路上
完美无伤

杭州

错之鞋

走出电梯
突然发现脚上的鞋子
来自不同的部落

尴尬中忍住笑
蕴藏着个性化美的瞬间
可以自拍留作纪念
把即将来到的喧嚣忙碌
写入这错配的两脚

化作风火轮,追赶潜伏远方的
忙里闲与苦中乐
它们和错配无关
和时间无关

杭州

人生如书

人生是一本书
翻开是故事
合上是回忆

岁月是一场有去无回的旅行
无关好坏,有些人
终究会渐行渐远
无关对错,有些事
终究会如烟消散

零碎的记忆
拼凑不出完整的昨天
顺境中的笑,逆境中的痛
让书丰富
让生命丰满

杭州

日子

把风霜染上鬓间
把沧桑刻上脸庞
把回忆，印在心头

人这一生
被爱，被恨，被忽略，被珍视
被转变，被改造，被修饰，被涅槃
每次历练，都是成长

只需一直行走
在路上，才有意义
不恋过往
不惧将来

杭州

瞬间开心

最近逆爆了
先是摔破手机
紧接着磕破汽车轮胎
再接着相伴九年的"爱驾"
突然和豪车怒怼
全责,郁闷

郁闷之后
静下心来细想
好事坏事
想开了没有过不去的事

我需要换新手机,换新车啦
瞬间开心

杭州

健康法则

最好的减压方式
就是迈开腿,跑起来
所有的压力
经过来自极限运动的碾压
都将变得微不足道

我的快乐生活
常在增脂减肌的途中
就莫忘也须常在减脂增肌的路上
有了健康的身体,才有健康的心态
反之,有健康的心态
就有健康的身体

美好的一切源于健康
风雨无阻,加油

杭州

爱情故事理发店

在路边
随便找一家理发店,坐下
准备换个发型
以为这样就能够重新启动
陈旧的心情

从长发到短发
又留长,再剪掉
留长发,绝不迟疑
剪短,同样毫不犹豫

忽然明白
这个理发店名字的含义
它叫爱情故事

杭州

流汗的感觉

一个习惯的养成
需要二十一天
我整整用了三个月
爱上流汗的感觉

活力来源于活动
运动让大脑分泌更多的多巴胺
镇痛，健脑
改善情绪，提升幸福感

每天一小时
让运动变成一种习惯
遇见更美好的自己

杭州

辑六 达意

前世，您赋万物以名字，我依着您指引，找寻自在的方向。

今生，您颔首闭目坐伽蓝座，我匍匐在您脚前，心中默念，将所有名字依次对应万物，提炼出规则与精华，也指引我，捧出我的规则与精华，融入洪流。

来世，我期待万丈光芒，无差别向外发散，在线性的顶端，遇见，您拈花微笑。

做光阴安静的孩子

阳光穿过云层
花荫下的妙人儿
已趟过看见丁达尔光
会欢呼雀跃的河流

秋风拂过树梢
那只落叶蝶松开手
将洒脱植入泥土
成为树疏密有序的年轮

是谁在彼岸踏歌
衣袂翻飞
举手低眉间渐行渐远

我们舒展双拳
放过风与雨，放过沙与沫，
放过白云苍狗
要做光阴安静的孩子

杭州

快意人生

生活本没输赢
有了胜负心的便是输家
把得失看淡,将成败放下
才能轻松自在,洒脱从容

不计较,不执著,不偏颇
与人方便时,自己亦方便
放过
是一种难得的修养

悦人者众,悦己者王
快意人生,我做主

北京

开心二字

生死之外,什么都是浮云
以透支身体、牺牲健康为代价的成功
最终如镜花水月

人活着,不过是"开心"二字
心之所向,无问西东

昨天再好,也是回不去的曾经
明天未知,依然要满怀期许

秋心淡淡,秋情款款
愿开心相伴
阳光和幸福,一直在路上

太原

憩偶得

休息了一段时间,继续在途中
突然发现,日子不能太闲,太闲
努力一下就会觉得自己在拼命

正如工作,恰到好处,不慌不忙
内心才会充实
太忙了,容易劳顿
太闲,容易幻想

就像生活,有点苦,有点甜
有点烟熏火燎,又有点诗意盎然
如此缺一不可,便是人生至味

太原

幸福就是

人生百年,一路向晚
唯有灵魂契合
才是最完美的相伴

丰富的物质不是幸福之本
幸福是自由飞翔的灵魂
幸福是恣意怒放的生命

毕淑敏说,幸福,就是灵魂的成就
周国平说,人生的圆满,就是把命照看好
将灵魂安顿好

我说,幸福就是
今天又是晴天,真好!

银川

世上所有的病

世上所有的病
皆因情绪打了败仗
委屈、纠结、愤怒
化成一场玉石俱焚的风暴

还是不能忽略
隐藏在情绪底层巨大的疮口
流血、结痂、愈合又重新挣开

所以,你要更爱自己
释放、感恩、淡然
你要明白万般纷扰皆系于心
心净无尘,何惧苦厄

上海

岁月如霜

今夜朱颜映月明
明朝白发对秋霜

生命是盛大的出场
每个阶段都各自美好
与各自忧伤

简单,微笑,快乐
让全世界爱上你

许时光一段安暖
渡忘川
似水流年

深圳

生命之花

悦己,首先做内心温暖的人
才可悦人,如沐春风

选一处被喧嚣遗忘的角落
静静地等待一场细雨
等待这个城市
开出美丽的花朵来

用时光滋养生命之花
别让生命承受时光之重

生活,有很多无关的风月
而成长
就在一瞬间

贵阳

岗仁波齐

一个佛教徒一生最大的心愿
莫过于去冈仁波齐朝圣
千百年来,千万人踏过的转山小道
已自带光芒

绕一圈,可洗清罪孽,绕十圈
可免轮回地狱之苦
我也想走一走

来与不来,它就在那里
冈仁波齐不属于某一个人
属于每一颗亟待救赎的心

阿里地区 | 冈仁波齐峰

玛旁雍错

工作结束,从拉萨飞阿里
从空中俯瞰"一措再措"是绝佳的体验

仿佛穿越六维时空
生命有了另一层意义
回到文字没有出现之前
人们开启天地的中心
探知世界的来处

只有身临其境
用眼睛去看,用心灵去感受
才能找到走失在洪荒之前的自我

阿里地区丨玛旁雍错

下一站，拉萨

有人说，背上行囊，就是过客
放下包袱，就是故乡

红尘陌上，独自行
走过山重，走过水复
走过柳暗花明
在风起，在尘落的人间
山水共徜徉

流年悲喜，心若菩提
读罢净且静
往事浓淡，茶色如许
煮来清又轻

不言遗憾
所有过往皆为恩赐
下一站，拉萨

郑州

随缘行

每天都在匆忙中奔波
来不及雕刻时光
弹指间,匆匆沧桑掩风华

纵有三千烦恼
几人能拈花一笑
心比天高,莫如手抚七弦寄飞鸿

情至深处,平淡最真
人生百味,一步一风景,一程一感悟
清清浅浅人生路
简简单单随缘行

郑州

慢慢走

全世界都在快速向前奔跑
我只想减速,三十迈
慢慢走,慢慢欣赏啊

第一次用无人机拍照
天地美好,打开了新视角
崇山峻岭,江河湖海
当然有趣不止山水
更多的是人文

繁忙的工作之余
不忘记录生活中的一点一滴
等到将来,我们都老了
读到这些小确幸
又能开怀一笑

深圳

禅的时光

佛能洗心,茶能涤性
闲暇时在阁楼给自己沏杯茶
清香溢满小屋,浅酌慢品
享受着悠闲、淡然、宁静

茶入清水,化青莲浮萍
日子清简如水
水是沸的,心是静的

一几,一壶,一人,一深山
禅的时光,寂静无声

杭州

欢喜心

工作结束,绕着听音湖散步
想起市井百态,想起人间炎凉
想起家家户户的一地鸡毛

无上烦恼之时,忽然领悟
莫如糊涂点,简单些

或云淡风轻,或去留无意
无论何时,请面带微笑
欢喜心看世界,纷扰何惧

佛山 | 听音湖

国清寺

"寺若成,国即清"
入寺进山直弯,甬道浓荫蔽日
紫竹夹道亦如修行,静谧深幽

隋梅、隋塔今犹在
王羲之、柳公权、米芾、黄庭坚
他们的摩崖手迹历历在目
唯不见当年的风流人物
三千繁华,弹指刹那
百年过后不过一捧黄沙

散尽浮云落尽花
生灭有时,明灭有时
清风到处即吾乡

台州 | 国清寺

如此真好

每一天的朝阳,都是新的
每一天的我,也是新的

日子,再平淡也不重复
雨来赏雨,风来乘风
花开随喜,花落随缘

日升月落,临崖观海
世事不问,红尘不扰
唯笙箫诗赋渡余生
如此真好

三亚｜南山大小洞天风景区

微笑起来

人生,是一个不断接受的过程
接受喜悦,接受忧伤
接受偶遇,接受诀别
接受生,接受死,接受世事无常

细想,开心也是一天
不开心也是一天
为何不开开心心地过呢

每天,给自己一个开心的理由
如果找不到,那也要让自己微笑起来
因为你微笑面对的世界
它会很快爱上你

金华

余生不长

余生不长
尽量和让你感到舒服的人在一起
余生也很贵
不要被不喜欢你的人和事
消费你的生命

我们需要这样一个人
你懂我的欲言又止,我懂你的言不由衷
没有敷衍,互相关爱
见过彼此最狼狈的样子
漂泊半生,归来
依然是对方眼中最完美的少年

南京

归途

云淡风轻
是归途中最美的心情
千里征程,让心乘风
不喜欢离家奔波
却很享受归途喜悦

照片,文字,书,还有感情
这些都是时光馈赠的礼物
在归途中,我将它们一一拾起
编成璀璨的生命之环

暮色四合,温暖如霞
在归途中感动
在归途中,感恩

成都

稻城亚丁

转身,一次回眸
扼腕,一声轻叹
清风绝尘,迅电流光
岁月深藏痴与情
对抗沧桑痕迹
西风卷沙,敲打流年

来吧,来稻城亚丁
做一场天国的梦
翻动生活最美的篇章
似真似幻,如诗如画
花开花落,一起穿越
无悔

甘孜藏族自治州 | 亚丁驿站

生与死

在浩瀚如海的木屋前徘徊
因此看破了红尘
邂逅一场天葬的凌厉
所以看清了宿命

生与死,死与生
赤身来,空手去
生时短短几十载
死后都是忘川上的同船人

世间除却生死皆闲事
旅行中最荒凉的一段
却最贴近人生

甘孜藏族自治州 | 色达

思绪之舞

天光云影,月色无边
风动,幡动,弦动,心动
迎着海风,踏着月光
任由思绪翩翩
在旖旎的水面上踏歌,起舞弄轻影

无论何时,无论何地
给自己的内心点一盏温暖的明灯
思悠悠,情悠悠
慢低蛾眉,轻提玉管
一阙诗词敛

珠海丨珠海渔女

余生请用减法

凡是需要过多解释的友谊
都是错误的相识
凡是感觉相处太累的爱情
都是错误的遇见

与其争论不休,不如沉默
解释不清的不如一笑而过
无法释怀的不如随缘放下
余生请用减法

杭州

相由心生

人的面相,三十岁前是父母决定
三十岁之后是自己决定
容貌,就是心地的样子,
心慈则貌美,心邪则面恶

财富来自施舍
美丽的容颜来自性情
心怀坦荡,常持善念
任何福报都不是偶然

最好的风水,是自己
最好的修行,是善良

金华 | 朋溪人家

万物成莲

匆匆半生,一路走来
遇见过居心叵测的人或光明磊落的人
也遇见过循名责实的事
或指鹿为马的事
但不是所有的是非纷争
都需要水落石出图穷匕见
不是所有的各色人等
都要除恶务尽八方肃清

我只需不忘初心,与人为善
保持心地善良,保持品格高洁
在眼底盛开莲花
观万物成莲

泰安

常言道

常言道,天道好轮回
生命本是一场轮回
曾经种什么因,终会得什么果

恶毒人之恶毒
是掌心看不见挑不出
却时时让你痛楚的石棉刺
而善良人之善良
是寒冬腊月为瑟瑟发抖的你
抱来的一束薪

你今生的磨难皆因前生未消的恶业
今生的善果也皆可成为来生的福报
所以,既然生而为人
须劝你善良

杭州

心路历程

紧张,焦虑,迷茫
压力,你在乎吗
曼妙,飘逸,静谧
星空,你期许吗

田园,花海,夕阳
搂腰而坐的孩童背影

噢
我幻想,每一个细胞
被洗涤
被唤醒

金华

转换

再见,2019年
这一年,岁月等长
这一年,继续匆忙

欢迎,2020年
新年里,时光静美
新年里,有诗有词

从生活到生活
缓慢下来
我期待一回,转换

杭州

路过逗号

招手即春,挥手成秋
招手与挥手间
时光静流

夏有凉风冬有雪
九十九次飞行
十四万公里路遥,时光不眷恋
开始到结束的封条

盘点,清算,仍然是逗号
驻足,吸气
向下一逗号
整装出发

武汉

无题

花香,人醉
落红可入心房

路漫漫
事纷纷
光阴似箭可不奔忙

归来未晚,月黄昏
将诗把酒
浮世百绘,哪幅画尺长

长春

指缝阳光

成年人的情绪
常在沉默中消化
累得不动声色
想泪却要故作镇定

笑给别人看,哭给自己听
要成为自己的样子
往往陷入作茧自缚

对时没人赞许
错时自我感觉呼息紧张

请放开攥紧的双拳
我需要
让指缝穿透阳光

杭州

辑六 达意

致学员们

课后,与学员交流问题
比授课本身
更让我愉悦

碰撞
可以平抑差距,比起填充
你不必考虑溢出

我想告诉你为什么
更想告诉你怎么做
我们之间不需要知道
此后有何结果

求知与予识,快乐中平常
即是生活的点滴
也是幸福在流动
我把授课的日子过成了诗
你把工作的日子变成远方和田野

南昌

童心未泯

每次出门,都发现童心未泯
爱拍,爱吃,爱玩
偶遇手工京剧人偶制作活动
也要忍不住动手试试

其实每个人的内心深处
都有一座梦幻之城
只有保持着一颗童心的人
才拥有打开城堡的钥匙

原来生活中
最好的情绪是平和
最好的感觉是自在
最好的状态是童心

杭州

人生是

人生是，一本百读不厌的书
有阳光和雨露
也有闪电、乌云
字里行间填满故事

人生是，一朵笑看世界的花
花眼中的世界如此荒诞
我们心中的花如此勇敢

人生是，一首抑扬顿挫的歌
光阴长河太辽阔
边走边唱，相伴岁月取暖

人生是，一缕自由自在的风
尝尽美食，看尽美景
爱尽可爱之人
方才无悔

武汉

玉皇山所思

人生没有如果
当下才是全部
所有遇见,皆美好

走过岁月,留下无数斑驳
终不过一纸繁华
简单,才是享受生活最高境界
生活,不只是物质盛宴,而是灵魂修炼
心灵美了,周围世界也美了
把困苦活出诗意,把薄情活出深情
这才是本事,活着就是修行

杭州

作家、评论家评论

作为浙江省知联会的同仁,之前只知徐珺婷是某税务事务所的创办人,殊不知她还利用业余时间潜心诗歌创作。纵观徐珺婷最近的诗集《观雨亭》,发现她的诗具有轻盈、纯美、朴实的特质,看似风清云淡,实则颇接地气。她将该诗集分为"闻香""辨色""听音""识味""感形""达意"六个篇章,通过对充满"色、香、音、味"的现实生活的"感、达",让我们领略了其乐观而豁达的人生境界。可以这么说,在这本诗集中,徐珺婷将生活写成了诗,又让诗充满着烟火味。这在"梨花体""乌青体""羊羔体""平安体""浅浅体"等污水横流的诗界,她的这些诗的喷薄而出,无疑将成为一股难得的清流。

——卢江良(国家一级作家、中国作协会员)

读一部诗,如听一首歌。珺婷的诗让人不由得想起《十年》。"如果那两个字没有颤抖,我不会发现我难过……"初听这首歌，你会觉得那两个字是字面上的"如果"；细细品味，似乎是"分手"；时间沉淀，你才发现，其实是"你好"珺婷的诗亦是如此，打开书，你觉得描写的是美食美景；低下头，你会感受到她分享给你的所思所想；静下心，才知道她写的，其实是弹指一生……时代太快，时间应慢；过客已太多，知己则交缓；征途虽匆忙，脚步且停驻。劝君停驻一杯酒，归途永远是家人。

——王琦（好友、浙江省体育旅游产业促进会副秘书长、浙江省区域经济发展促进会副秘书长、御鉴家创始人）

珺婷蕙质兰心，练达知性。她虽然工作忙碌但不失闲情雅致。在我的印象里，她每天都在写随笔，随笔竟然都是诗。她的诗就是生活，她的生活就是诗。她的诗句随手拈来，如行云流水且意境融彻，柔美婉丽。或如水湄兰杜，芳香幽静；或如空谷佳人，绰约飘逸。

赠珺婷
吟情处处墨生馨，流水高山共奏听。
纵有妙词难写尽，佳人如珺独婷婷。

——徐吉鸿（中华诗词学会现当代女子诗词研究部部长）

捧读珺婷的《观雨亭》诗集，正是燕京初雪的时候。室外，漫天皆白；室内，暖流入心。

珺婷自立自强、多姿多彩的人生，恰是诗和远方的交织。江南的花，北国的月，天涯海角的波涛，青藏高原的佛光，闻香、辨色、听音，通过轻灵的笔触、优美的文字，化作了低吟浅唱；人生的感悟、梦想的期盼、真的表达、美的追求，识味、感形、达意，如同呢喃细语，娓娓道来，给人以无尽享受。读诗而识人，珺婷的诗，一如珺婷的人，一人温柔了岁月，一笔惊艳了时光。

——夏鹏（财政部全国会计领军人才企业一期，诗词、散文爱好者）

诗集《观雨亭》汇集了徐珺婷创作的200首现代诗，包括闻香、辨色、听音、识味、感形和达意共六辑，其题材内容广泛与丰富。诗歌作品生动活泼，充满诗情画意，饶有生活情趣，富含人生哲理；诗歌作品艺术构思独具匠心，采用叙事和抒情相结合的写作手法，借景抒情，情景结合，彰显了诗人生命体验的精彩纷呈。

读诗如读人，赏诗如赏画。诗中有故事，故事看人生。这是我拜读诗集《观雨亭》的最大感想。

——贾飞（全国青联委员 中国作协会员 四川青少年作家协会副主席）

珺婷新诗集《观雨亭》问世，保持着《雨亭私语》《听雨亭》婉约空灵风格，亦是诗意生活延展，随处可见诗心洋溢，诗性基因根深蒂固，顾盼之间皆是诗。

珺婷的诗总是风轻云淡，清清浅浅，挥一挥衣袖潇洒，将寻常或不寻常日子遇见的点点滴滴，幻化成一段诗情，明月心事，纸短情长。或纯粹心香一瓣，或所见纯净碧天如水，瞬间起心动念美好如初。

与浪漫诗集邂逅，享受小确幸。

——钱翊白（浙江之声主持人 高级编辑）

读罢《观雨亭》，感觉徐珺婷的诗有着江南女子特有的敏感细腻和温润柔情。她的诗歌立意鲜明，语言清新，构思奇妙，联想灵魂，在直情抒发中，展现了独特的个性诗风，给予读者一种超凡脱俗的纯净之美。

徐珺婷女士，她虽然是一位专业人士，但她也是一位真正的诗人。近年来，她勤奋写作，笔耕不止，奉献给大家的"雨亭聆听"系列诗集，通过抒写现实生活和追寻人生理想，探求现实和理想的最佳结合点，即精神心灵的居所和归宿，在心灵深处探寻人世的真、善、美。

——陆琪（浙江省网络作协副主席）

我观其文是因为念其人，而后却是观其人而念其文，其文之美可见。其人，交往多年，印象中是个挥斥方遒建大业的强人，有时又是个忧绪眉间叹烟火的弱女。其文，新年方阅，读罢颇惊叹，清新细腻许多，美好温润许多。人文之间，人在近文在远；人在活文在美；人在此岸文在彼岸；人有苟且文可恣意诗和远方。愿人如其文，寻一灵魂的乐园，彼此谐和，求一大同。

——王拯（校友、江财浙江校友会会长）

《观雨亭》是徐珺婷奉献给广大读者的"雨亭聆听"系列诗集的第三部。读徐珺婷的诗总是让你有一种引人入胜、身临其境、爱不释手的感觉，《雨亭私语》《听雨亭》和《观雨亭》三部诗集中的一首首唯美的小诗，像一串串光彩夺目的珍珠，晶莹剔透，美不胜收。徐珺婷的诗风笔触清新，感情强烈，用神来之笔歌颂美丽的河山和美好的生活。她的诗性语言，由景入喻，用词非常精准到位，细致入微；诗意富含哲理，启迪人生。

——周贤林（注册会计师、高级会计师、绍兴会计文化研究会会员）

我在任职浙江省注册税务师管理中心，从事税务师行业管理服务近7年期间,见证了浙江正瑞税务师事务所从全省默默无闻到名列全国50强的全过程,也见证了浙江正瑞税务师事务所创始人徐珺婷的成长足迹。可以毫不夸张地说,徐珺婷是行业内的翘楚,是事业的成功者。她对事业的执着和追求,对专业的热爱和擅长,让同行们肃然起敬。

近年来,当我分别读了她写作的《雨亭私语》《听雨亭》和《观雨亭》等诗集后,呈现在我面前的却是一个陌生的徐珺婷,一个无法与财税专业领域专家相联系的徐珺婷,一个令我再次刮目相看的诗人徐珺婷。她写的诗,看似简单直白,实则璧坐玑驰,韵意丰富。读徐珺婷的诗如读她写的专业著作一样,结构之新颖,文字之流畅,似行云流水一般,落笔如云烟,清新、自然,令人赏心悦目。

——徐志群(校友、曾任浙江省注册税务师管理中心主任)

2012年,因为我所在的蒙娜丽莎公司在IPO过程中涉及资产处置的税务筹划业务需要辅导,通过北大汇丰EDP佛山同学会的一位同学引荐,有幸认识了徐珺婷老师,并聘请她为公司的税务顾问,一直至今。十多年来的业务合作,她那深厚的专业造诣博得了我及公司高管们的一致好评。

而当看到她的新书《观雨亭》，更让我心生敬佩。她的诗，是她对工作与生活的告白："不只是物质盛宴，而是灵魂修炼。"是精神的加法和物质的减法，是她所追求的理想王国；她的诗，是"毕淑敏所崇尚的幸福与成就"，是"周国平所追求的人生圆满"。是成就幸福的写照，是她珍惜现世的修行、安放灵魂的场所和自己的精神家园。

徐珺婷老师的几部诗集，清新脱俗，淡泊自然，在叙述、描写花开花落、云卷云舒的四时景物时，表达了一种恬静而悠然的心理境界。她的诗集，文字功力深厚，字字玑珠，言简意丰，意蕴深远，含蓄隽永，托物寓意，比兴手法高超，极富艺术感染力。

爱拍、随玩、爱吃、爱写诗，她在事业、生活与修行间，自由穿梭着，又同时收获了智慧、健康、美丽。

——张旗康（蒙娜丽莎股份有限公司董事）

一个善良的灵魂，照亮他人的同时，总能收获不期而遇的温暖；温柔对待这个世界的人，也必将被世界温暖相拥，就如珺婷。初相识珺婷是因为工作有所交集，一个丁香一样的江南女子，温婉甜美，当探讨起税务专业，侃侃而谈，铿锵有力，"静如处子，动如脱兔"形容她似乎恰好。再相识，发现珺婷是个如此感性的人，品茶看书、信手文字、美食旅游……诗与远方,一样都不少!而某一天,突然知道我们居然同月同日生,缘分真是如此妙不可言!

珺婷,税务界中最优秀的诗人,诗人圈中杰出的税务专家!

浅浅喜,静静爱。愿珺婷的心中永远春暖花开!

——汪海鸿(国网浙江省电力有限公司审计部副主任)

徐珺婷是我的小师妹。我们第一次邂逅是在一次全国性的业务培训班上,她有事找到我,一双灵动的大眼睛忽闪忽闪的,给我留下了深深的印象。之后,由于工作上的关系,我见证了她一步一个脚印、努力地、艰难地创业,并活跃在全国各地相关专业讲座的讲台上,传播专业管理知识;春华秋实,她十多年前创立的事务所已跻身全国50强,她已成了业内的翘楚。她的业务水平、坚韧不拔和进取精神让人肃然起敬。

更让我刮目的是,在这一路走来的途中,她不但把事业做到了极致,还把一路的风景也带给了人们,她把生活化成了诗。她的系列诗作中的第三部新作《观雨亭》,从"闻香""辨色""听音""识味""感形""达意"六个篇章,把身边能感触到的音、色、味、形用清新、朴实、生动的描述,串成了一句句的诗,一草一木一山一水赋予了生命;一枝一叶一花一瓣赋予了美丽。从诗中能感受到她的一心一境一点一滴都充满了诗情画意，表达了她乐观豁达、超凡脱俗、悠然恬静的人生境界，诗和远方都在她的心里！

不由感概：诗好美，而诗人"气质美如兰，才华馥如诗"！

祝贺珺婷！祝福珺婷！

——曾宁（师姐、曾任浙江注册税务师管理中心主任）

我认识珺婷是在一次朋友聚会上，只知道她是一位聪明、能干、美丽的"税务审计专家"，也是著名老师。之后因为企业税务问题我登门求教，事毕之后她赠送了我两本诗集。回来我认真翻阅，渐渐被其恬静优美的文字所吸引。我惊叹珺婷在"千里迢迢、披星戴月"的商务奔波之余，居然能够发现周围风物之美，此刻她是用心灵去触碰、去感知这种美；不论东南西北、春夏秋冬，还是阳光和煦、风吹雨打，她在从容应对各种公务的间隙，偷闲漫步于尘世间，信手拈来，写下几行诗句，似记录、似感怀、似寄梦又似抚慰。我喜欢这样的商人又似诗人的状态，看似矛盾，实为高于金钱的触碰人间温暖的优雅，《观雨亭》是难得一见的好诗集。

——黄志国（金程科技有限公司董事长）

最好的人生是这样的：既有敏感的灵魂又有粗糙的神经，既有滚烫的血液又有澄净的眼神，既有深沉的想法又有世俗的趣味，既有仰望星空的诗意又有脚踏实地的坚定。作为专家的徐珺婷因其高超的专业水准和卓越的管理技能，常常受邀而奔赴于全国各地，或为莘莘学子传道授业，或为企业团队出谋划策。而作为诗人的徐珺婷每次外出都是带着强大的内心上路，脸上有自信的笑容，利用出差间隙领略好山好水之际，总能吟唱成诗。而她的吟唱没有嫌弃小店之糟糠，也没有计算得失权衡利弊，所以她的诗是纯粹的灵魂，在哪里都有桂花香。

徐珺婷的诗追求的是心享势成而非心想事成。

——朱駧俊（杭州润缘信息科技有限公司董事长）

徐珺婷老师是一位资深的财税专家及行业名师。平时与她的接触，更多的是在专业领域或者网校课堂。而从她内心流淌出的文字所汇集的闻香、辨色、听音、识味、感形和达意这六辑，让我们感受到她那颗敏感与细腻的心，以及她对所触及的人、事、物的热爱。

欣赏《观雨亭》，除了欣赏她优雅的文字韵律以外，还应体会她对人生的态度及思考。无论顺境或逆境，都要让自己目之所及，皆是光明；心之所向，皆怀爱意。让爱与希望把我们的心胸撑得平衍旷荡、海纳百川，容得下人间烟火、世间百态。

"一个人只拥有此生是不够的，还要拥有一个诗意的世界"。

——朱正东（正保远程教育董事长、CEO，中华会计网校创始人）

珺婷的《观雨亭》，从生活积淀与情感生发两个维度探索漫溯，目之所见，心之所悟，皆成诗章，她"用温柔之火，煮光阴之慢"。我们也就在诗人"不敷衍，不辜负"的为人处事态度中，读到了"一个灵魂带有香气"的诗魂、一个"慢下来的光阴"中乐观、豁达而知性的心灵；活色生香的生活在珺婷笔下"沉淀成知性，升华成优雅"。《观雨亭》无论缘事抒情，抑或叙事，无不烙印着珺婷独有的创作风格及美学特征：诗意自然，情感丰沛。让读者在满卷诗画面前，心灵也"任由其爬满青苔和馨香"，与诗人一起，"温柔了岁月，惊艳了时光！"

——王奎泉（浙江财经大学教授、副校长）

后 记

  我并非职业作家,填词作诗的初衷也不是为了发表和出版,纯粹是自娱自乐,是自我安放灵魂和表达思想的方式,就像每日吃饭、走路、读书、睡觉一样习以为常。当我自己感到把所谓的"诗"写得有点模样的时候,便觉得所付出的心血便在"诗"这朵花上滴灌了晶莹的光芒,于是,几乎所有的文字都如迷途的孩子找到了自己的精神家园。我乐在其中……

  《观雨亭》是继"雨亭聆听"系列诗集《雨亭私语》《听雨亭》之后的"三步曲",记述了我近两年来在工作、生活和旅途中的所见所闻、所思所想和所感所悟。诗集从感观的视角,将200首小诗分为闻香、辨色、听音、识味、感形、达意六个篇章。其中,闻香篇31首，恰如心香一瓣，静水流深；辨色篇34首，纯净，鲜艳，不带有一丁点儿瑕疵；听音篇30首，其大爱之声，源自无声；识味篇28首，体味花样美食，别忘原味，体验百味人生，莫失初心；感形篇41首，使人因感觉而得到的境与界，可以唤醒认知到的事与物，达意篇36首，展现乐观、豁达的人生境界。

生活在继续，写作在继续，我的现代诗仍将继续奉献给读者！

2022.2.17

图书在版编目（CIP）数据

观雨亭：雨亭聆听：诗集/徐珺婷著.—北京：中国财政经济出版社，2022.5

ISBN 978-7-5223-1289-7

Ⅰ.①观… Ⅱ.①徐… Ⅲ.①散文诗—诗集—中国—当代 Ⅳ.① I227.6

中国版本图书馆 CIP 数据核字（2022）第 050348 号

责任编辑：陈志伟　　　　　　责任校对：胡永立
责任印制：史大鹏　　　　　　封面设计：MXK DESIGN STUDIO Q:1765628429

观雨亭：雨亭聆听：诗集
GUAN YU TING YU TING LING TING SHI JI
中国财政经济出版社 出版
URL：http：//www.cfeph.cn
E-mail：cfeph @cfemg.cn
（版权所有　翻印必究）
社址：北京市海淀区阜成路甲 28 号　邮政编码：100142
营销中心电话：010-88191522
天猫网店：中国财政经济出版社旗舰店
网址：https://zgczjjcbs.tmall.com
北京时捷印刷有限公司印刷　各地新华书店经销
成品尺寸：135mm×210mm　32 开　8.75 印张　183 000 字
2022 年 6 月第 1 版　　2022 年 6 月北京第 1 次印刷
定价：60.00 元
ISBN 978-7-5223-1289-7
（图书出现印装问题，本社负责调换，电话：010-88190548）
本社质量投诉电话：010-88190744
打击盗版举报热线：010-88191661　　QQ：2242791300